臨場感あふれる解説で、楽しみながら歴史を"体感"できる

世界史劇場

河合塾講師 **神野正史**【著】

ナチスはこうして政権を奪取した

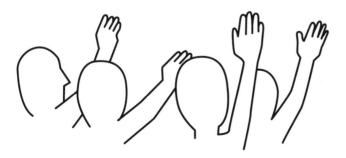

ベレ出版

はじめに

―― 歴史に学ばぬ者はかならず亡びる。
―― 愚者は経験に学び、賢者は歴史に学ぶ。

　前者がW．L．S．チャーチル、後者がO．E．L．ビスマルクの言葉ですが、似たような言葉は古今東西にあります。

　しかし、偉人たちがどれだけ警鐘を鳴らそうとも、人はなかなか「歴史に学ぶ」ことができません。

　18世紀末から19世紀初頭にかけて、ナポレオンがヨーロッパに覇を唱え、旧秩序（ウェストファリア体制）を破壊しました。

　彼の没落後、ウェストファリア体制に代わる「新しい国際秩序」を構築するべく、ヨーロッパ中の国々の全権が集まってウィーン会議が開かれることになりましたが、その会議を主導したのは英・仏・普・墺・露の五大国のみ。

　こうして生まれた新秩序が、所謂「ウィーン体制」です。

　しかし、こんな大国唱導の独善的なやり方が長続きするはずもなく、ウィーン体制はわずか33年で崩壊し、あとは岩が崖を転がり落ちていくように「第一次世界大戦」へと驀進していく結果となります。

　戦後、「二度とこんな戦禍をもたらさぬため、ウィーン体制に代わる新しい国際秩序を創ろう！」と開催されたのがパリ講和会議です。

　ところが。

　ウィーン会議同様、会議には世界中から全権が招かれながら、ここで発言権を有したのは、米・英・仏・伊・日の五大国のみ。

　しかも、会議開始まもなくイタリア・日本が委員会から叩き出され、結局、米・英・仏の三巨頭の密談で「新国際秩序」が構築されることになります。

　こうして生まれたものが「ヴェルサイユ体制」です。

　これでは、短命に終わり、第一次世界大戦を招いた「ウィーン体制」となんら変わりません。

　彼らはまるで「歴史に学ぶ」ことができなかったのです。

　案の定、ヴェルサイユ体制は、A．ヒトラー、B．ムッソリーニ、東条英機

らを産み落とし、育み、第一次世界大戦などおよびもつかないほどの悲惨な戦争「第二次世界大戦」を自らの手で招き寄せることになりました。
　巷間、戦禍のすべての責任を「ヒトラーが悪い」「東条が悪い」と、一個人に負わせるような固定観念（ステレオタイプ）が蔓延していますが、それはきわめて程度の低い浅慮と言わざるを得ません。
　たとえば、ひとつの犯罪について裁判が行われるとき、「何もかも被告（人）が悪い！」と決め付けて刑罰が科されるわけではありません。
　裁判では、被告（人）の生い立ち・環境・経歴その他諸々の事情を徹底的に調べあげ、犯罪の"温床"を明らかにしようとします。
　そうすることで初めて犯罪の原因・本質に迫ることができ、ひいては再犯防止につなげることも可能になるからです。
　歴史も同じです。
　悲劇を繰り返さないために「歴史に学ぶ」というのは、単に「悲劇の責任を一個人に押しつける」ということではありません。
・そもそもなぜ「ヒトラー」という独裁者が現れたのか。
・ヒトラーを生み育てる揺籃（ようらん）となった"元凶"は何か。
　世間では、ヒトラーのしでかした派手な汚行悪行ばかりが取り上げられ、強調され、人々はこれに目を奪われていますが、そもそも「彼を存在せしめた根本原因」について語られることはあまりありません。
　しかし、それを知らないということは、ヒトラーの本質を何ひとつわかっていないということです。
　本書がそのことについて考える糸口となってくれたなら、これを世に送った筆者としてこんなにうれしいことはありません。

２０１６年６月　　　神野正史

本書の読み方

　本書は、初学者の方にも、たのしく歴史に慣れ親しんでもらえるよう、従来の歴史教養書にはない工夫が随所に凝らされています。

　そのため、読み方にもちょっとしたコツがあります。

　まず、各単元の扉絵を開きますと、その単元で扱う範囲の「パネル（下図参照）」が見開き表示されています。

　本書はすべて、このパネルに沿って解説されますので、つねにこのパネルを参照しながら本文を読み進めていくようにしてください。

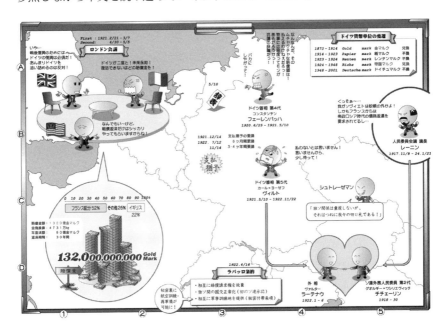

　そうしていただくことによって、今までワケがわからなかった歴史が、頭の中でアニメーションのようにスラスラと展開するようになります。

　ぜひ、この読み方をお守りくださいますよう、よろしくお願いします。

　また、その一助となりますよう、本文中には、その随所に (B-5) などの「パネル位置情報」を表示しておきました。

　これは、「パネルの枠左の英字と枠下の数字の交差するところを参照のこと」

という意味で、たとえば(B-5)と書いてあったら、「B段第5列のあたり」すなわち、前ページパネルでは「レーニン」のあたりをご覧ください。

　なお、本パネルの中の「人物キャラ」は、てるてる坊主みたいなので、便宜上「てるてる君」と呼んでいますが、このてるてる君の中には、その下に「肩書・氏名・年号」が書いてあるものがあります。

ドイツ首相 第15代
アドルフ＝ヒトラー

　この「年号」について、注意点が２つほど。

　まず、この年号はすべて「グレゴリウス暦」で統一されています。

　したがいまして、イスラームを解説したパネルであっても「ヒジュラ暦」ではありませんし、日本の歴史が描かれたパネルであっても「旧暦」ではありません。

　また、この「年号」は、そのすぐ上の「肩書」であった期間を表しています。

　したがいまして、同じ人物でも肩書が違えば「年号」も変わってきますのでご注意ください。

　たとえば、同じ「A．ヒトラー」でも、その肩書が、「ナチス党首」とあるときには、彼が党首であった期間(1921-45)が、「ドイツ首相」のときは、首相在任期間(1933-45)が記されています。

　また、本文下段には「註欄」を設けました。

　この「註」は、本文だけではカバーしきれない、でも、歴史理解のためには、どうしても割愛したくない、たいへん重要な知識をしたためてありますので、歴史をより深く理解していただくために、本文だけでなく「註」の説明文の方にも目を通していただくことをお勧めいたします。

　それでは、「まるで劇場を観覧しているかの如く、スラスラ歴史が頭に入ってくる！」と各方面から絶賛の「世界史劇場」をご堪能ください。

CONTENTS

はじめに   3
本書の読み方   5

第1章 新国際秩序の構築

第1幕 ハイエナのごとく
列強三巨頭の確執   11

第2幕 妥協の産物
国際連盟   31

第3幕 勝利なき平和？
ヴェルサイユ条約   43

第4幕 米英仏の思惑
対ソ防疫線の構築   59

第2章 イタリア全体主義

第1幕 「戦闘者同盟」の登場
戦後イタリアの混乱   69

第2幕 黒シャツ隊迫る！
ローマ進軍   79

第3幕 我々は古代ローマの末裔である！
ムッソリーニ独裁への道   87

第4幕 国民に媚びながら
ファシズム体制の確立   95

第3章 ヴァイマール共和国

第1幕 画家を夢見て
ヒトラーの生い立ち　　　103

第2幕 「世界でもっとも民主的な憲法」とともに
ヴァイマール共和国の成立　　　111

第3幕 ミイラ取りがミイラに
ヒトラーの政治家転身　　　117

第4幕 鉤十字のもとに
国家社会主義ドイツ労働者党の結成　　　127

第5幕 大山鳴動して鼠一匹
カップ一揆　　　135

第6幕 第二次世界大戦の火種
ドイツ賠償金の決定　　　143

第7幕 支払えないというならば
ルール出兵　　　153

第4章 ナチスの抬頭

第1幕 「家1軒」が「マッチ1箱」に
ハイパーインフレーションの発生　　　161

第2幕 革命への銃声
ミュンヘン一揆の発生　　　167

第3幕 覚悟のデモ行進
ミュンヘン一揆の失敗　　　175

第4幕 「私は有罪である」
ヒトラーの裁判と収監　　　185

第5章　ナチスの退潮

第1幕 資本のメリーゴーランド
ドーズ案　　　　　　　　　　　　193

第2幕 対独恐怖症の処方箋
ロカルノ条約　　　　　　　　　　201

第3幕 1枚の紙切れ…
パリ不戦条約　　　　　　　　　　209

第4幕 現実的な返済計画
ヤング案　　　　　　　　　　　　219

第5幕 熱弁は届かず
安定の中のナチス退潮　　　　　　227

第6章　ナチスの独裁

第1幕 誤った治療法
フーヴァーモラトリアム　　　　　233

第2幕 借金棒引きの大サービス
ローザンヌ会議　　　　　　　　　241

第3幕 大恐慌を糧にして
ナチスの大躍進　　　　　　　　　249

第4幕 共産党躍進の末に
ヒトラー内閣の成立　　　　　　　257

第5幕 ヴァイマール憲法の葬送
全権委任法の制定　　　　　　　　271

最終幕 国民革命は終わった！
ナチス独裁体制の成立　　　　　　279

Column コラム

条約の締結	42
不思議な国境線	52
仏独報復戦	58
国際秩序とは？	73
イタリア王国と教皇	102
ヒトラーは伍長？	126
金のマルクと紙のマルク	152
ビュルガーブロイケラー	184
戦間期20年を俯瞰する	208
不戦条約と満州事変	218
世界大恐慌	226
国家社会主義	278
天敵の料理法	288

第1章　新国際秩序の構築

第1幕

ハイエナのごとく
列強三巨頭の確執

第一次世界大戦は終わった。そこでただちに、講和内容を話し合うため、戦前の秩序を取り戻すため、それを維持するため、パリ講和会議が開催される。

しかし、それは米英仏の三巨頭が、ドイツの利権を貪り喰らい、戦後の主導権を競い合う場でしかなかった。

そうして生まれた「平和」が長続きするはずもない。

〈列強三巨頭の確執〉

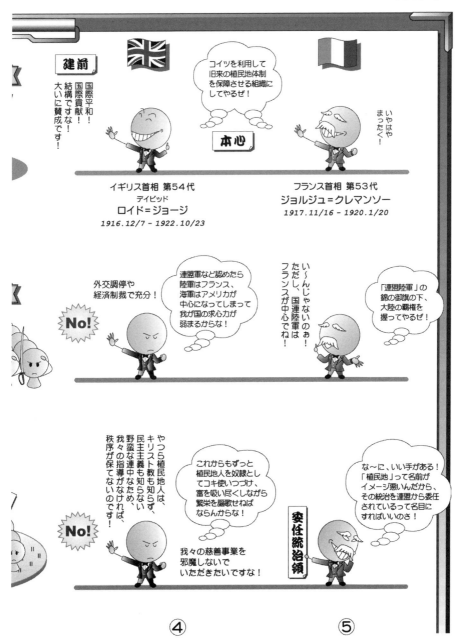

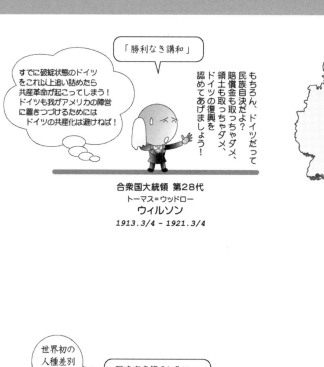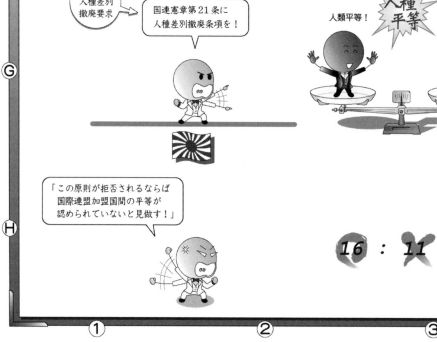

第1幕　列強三巨頭の確執

ドイツの復興は認める。
だが、賠償金も償金も取る！
ドイツの領土は要らんが
ドイツ艦隊は沈める！

ドイツこわい！
ドイツこわい！
ドイツこわい！
ドイツこわい！
ドイツこわい！

ドイツが二度と！永久に！
復興できないくらいの莫大な
賠償金をガッポリ取る！
ドイツ復興など断じて認めん！
ライン左岸の領土も要求する！

ロバートセシル卿
「いかなる形式のものであろうとも
イギリスは絶対に同意しない！」

「日本は唯一の非白人一等国であることは認める。
劣等人種であること以外、すべての点で、
日本は、我々白人列強と肩を並べている。
しかし、それでも、我々白人が日本を対等と
認めることはないだろう」

ランシング
「前例のない脅迫だ！」

アメリカ政府
「こんな危険な条項を批准
するなど夢にも思わない」

「ジャップには絶対
しゃべらせない！」

ハウス大佐

G.クレマンソー
「あのチビは何を
言っているのだ？」

カラードの劣等民族
どもと一緒にすんじゃねぇ！

T.W.ウィルソン
「全会一致でないので
採択されない！」

却下

レオン＝ブルジョワ
「正義という論争の
余地のない原則」

そ…それはちょっと
いくらなんでも…
今の今まで多数決で
やってきたのに…

日本の主張は
あまりにも
正当すぎる…

第1章　新国際秩序の構築
第2章　イタリア全体主義
第3章　ヴァイマール共和国
第4章　ナチスの抬頭
第5章　ナチスの退潮
第6章　ナチスの独裁

第一次世界大戦が始まった当初、この戦争が「足かけ４年半近くにもおよび、世界を巻き込んで史上空前の大戦争になる」などとは誰も想像すらしていませんでした。

開戦当初のヴィルヘルム２世(＊01)の言葉にもそれはよく表れています。
「戦争は数ヶ月のうちには終わるだろう！」
「クリスマスは恋人とともに祝うがよい！」
しかし。
大戦が終わったとき、その広がる荒土を前にして、人々は茫然自失し、自らの行為に慄然とします。
──こんな悲惨な戦争を二度と起こしてはならない！！
そうした想いが荒廃した国土の中から広がっていきました。(＊02)
しかし。
そうした庶民の"想い"とは裏腹に、戦後すぐに開催された「パリ講和会議」は、はやくも戦勝国同士による"熾烈な利権争いの場"と化していました。

（＊01）ドイツ第二帝国 第３代皇帝。
（＊02）もっとも皮肉なことに、こうした庶民の"熱烈な平和への希求"こそが、やがて人類史上最大最悪の大戦争「第二次世界大戦」を招き寄せることになるのですが。

そもそも「講和会議」というものは、戦勝国の代表と敗戦国の代表が講和条件を話し合う場のことです。

ところが、こたびの「講和会議」には敗戦国（独^{ドイツ}・墺^{オーストリア}・洪^{ハンガリー}・勃^{ブルガリア}・土^{オスマン}）は1ヶ国たりとも呼ばれていません。

英仏は最初から独墺と話し合うつもりなどなく、ただ自分たちが一方的・独善的に決めたことを問答無用で敗戦国に押しつけることしか考えていなかったからです。

会議では、さながら"死肉に簇（むら）がるハイエナ"の如（ごと）く、英仏がドイツの皮を剥ぎ、肉を貪（むさぼ）り喰（く）らうことに執心し、米英は戦後の国際秩序の覇権を握らんとしのぎを削る ── といった有様。

わずか20年後にやってくる「第二次世界大戦」（＊03）はこうした彼らの態度から生まれたものだと言っても過言ではないでしょう。

そのうえ、会議には世界中から33ヶ国（＊04）の各国全権がパリ（＊05）に集められましたが、重要案件の審議は五大国（米^{アメリカ}・英^{イギリス}・仏^{フランス}・伊^{イタリア}・日）で構成された「十人委員会（＊06）」によって握られているという有様。

「これは講和などではない。20年間の休戦にすぎない」

これは近い将来もう一戦あるな…

フランス陸軍元帥
フェルディナン
フォッシュ（むさぼく）

（＊03）フランス陸軍元帥のF．フォッシュはこう予言していました。
「これは講和などと呼べる代物ではない。ただの20年間の休戦にすぎぬ！」
（＊04）ニューファンドランドを数に入れるか否かによって「32ヶ国」とする場合もあります。
（＊05）協議のほとんどはシテ島近くのセーヌ左岸にある外務省（ケドルセー）内で行われました。
（＊06）五大国が元首（日本だけ現職ではありませんでしたが）と外相の2名ずつ出して計10名。

これでは「ウィーン会議」の二の舞です。
　これより遡(さかのぼ)ること100年ほど前。
　ナポレオンによって破壊された旧秩序を再構築するべく、ウィーン会議が開催されましたが、このときもヨーロッパ中から代表を集めておきながら、実際に会議の発言権を握ったのは五大国（英(イギリス)・仏(フランス)・普(プロシア)・墺(オーストリア)・露(ロシア)）だけでした。
　国際問題を協議するのにたった「5ヶ国」だけの都合で決めてしまったのですから、そんなものがうまくいくはずもなく、たちまち各方面から不満が爆発してアッという間に崩壊してしまいます。
　そしてそのことが、第一次世界大戦への導線となっていったにも関わらず、彼らはまるでこの失敗を省みることなく、今回もまた「五大国だけの密談」で事を済ませようとしたのでした。
　彼らはまったく「歴史に学ぶ」ということができなかったのです。
　そのうえ、すぐに「秘密保持」を口実(プレテキスト)に日本全権(＊07)が体(てい)よく追い出され、「四人会議」に絞り込まれ、さらにイタリアもフィウメ問題(＊08)で決裂して途中退席してしまったため、結局、パリ講和会議は、米(アメリカ)・英(イギリス)・仏(フランス)の「三巨頭」が利権を貪(むさぼ)り合う場となっていきました。
　ウィーン会議では、五大国だけで「ヨーロッパ問題」を話し合った結果、わずか33年で崩壊しましたが、今回は「全世界の国際問題」を話し合うのにたった「3人」。
　こうした「少数の国の利害で生まれた国際秩序」が長続きしないことは、すでに「ウィーン体制」で歴史が証明済みであるにも関わらず、この有様。
　慾(よく)に目が眩(くら)んだ者にはこんな簡単な道理もわからなくなるようです。

(＊07) 首席全権・西園寺公望。元首相。最後の元老。立命館大学学祖。
　　　次席全権・牧野伸顕。元外相。肩書上は「次席」でしたが、実質的には彼が主導者。
　　　情報漏洩問題はあくまで「口実」で、その真意は人種差別にあったといわれています。
　　　しかし、追い出された日本の方もこれにさしたる抗議をすることもなく、あっさり身を引いています。当時の日本はヨーロッパ問題にまったく関心がなかったためです。

では、この三巨頭によって具体的に何が決められていったのか、その本音と建前を探りながら見ていくことにします。

　まず、Ｔ．Ｗ．ウィルソン大統領が提唱した「十四ヶ条の平和原則」の第14条「国際連盟」（A-3）について。
　国際連盟創設の建前はご立派。
「二度とこんな悲惨な戦争が起こらないように、
　国際秩序を乱す国を監視する国際平和機関を創ろう！」
　これにただちに英仏も賛意を示します。
──国際平和！　国際貢献！
　　結構ですな！　大いに賛成です。
　しかしながら、その本音の部分は大いに異なりました。

（＊08）1915年のロンドン密約に基づく約束の履行を巡る意見対立。
　　　イタリアはフィウメの返還を求め、米英仏はこれを渋りました。
　　　詳しくは、「第2章 第1幕」にて解説。

アメリカの本心は、
「19世紀までのイギリスが世界に覇を唱えるPax Britannicaを打ち破り、
　20世紀からは、我が国が世界に君臨するPax Americanaを築きたい！
　この連盟組織は、"アメリカ世界帝国"建設のための牙城として利用し尽くし
　てやるわ！」(A-1)
…というものでしたし、イギリスはイギリスで、
「大英帝国の栄華も、こたびの戦争でだいぶ傾いてしまった。
　しかし、なんとしてもPax Britannicaは死守せねばならぬ！
　そのために、この連盟とやらをせいぜい利用させてもらうさ！」
…と考えていましたし、フランスは、
「この国際機関をうまく利用して、
　ナポレオン時代のようなヨーロッパの大陸覇権を復権してやるぞ！」
…と考えていただけ(＊09)(A-4/5)です。

合衆国大統領　第28代
トーマス＝ウッドロー
ウィルソン

(＊09) これだけ聞くと、米英仏が特別汚い国のように感じるかもしれませんが、そもそも政治・外交とはこういうものです。
　　　とかく日本人は「小学校の学級会」と「政治」の区別もついていない人が多いですが、そんな「きれいごと」で済む世界ではありません。

三巨頭のそれぞれが自国の利権拡大を狙っているだけで、誰ひとりとして「国際平和」のことなど考えていない点に悲劇がありました。
　所謂「国際平和のため」というのは、この「本心」を隠蔽(カムフラージュ)するための一般大衆向け「お題目(キャッチフレーズ)」にすぎません。
　それはそれとして、国際連盟が生まれることになりますと、つぎに問題になるのが「強制力」です。
――もし将来、連盟の意向に逆らう国が現れたときどうするか。
「力なき正義は無力なり」(＊10)
…という言葉があるように、強制力を持たない組織に理想を実現させる力はありません。
　国際連盟がもし本当に「国際平和」という高い理想を掲げるならば、強制力、すなわち「連盟軍」(B/C-3)の存在は必須となります。
　しかしここでも、米(アメリカ) 英(イギリス) 仏(フランス) の思惑は衝突しました。

(＊10) Ｂ．パスカルの言葉で、このあと「正義なき力は圧制なり。それゆえ正義と力は結合されなければならない」とつづきます。『パンセ』より。
　ちなみに『パンセ』には、「人間は考える葦である」や「もしクレオパトラの鼻がもう少し低かったならば、歴史は変わっていただろう」など、数々の名言・箴言が綴られている。

アメリカはその必要性を力説しました（B/C-2）が、その本心とするところは、
「連盟軍の創設にさえこぎつければ、我が軍がそれを牛耳ることは容易い。
　そうすれば、"連盟軍"という錦の御旗を得て、正義の名の下に堂々と世界を
　支配することができる！
　連盟軍は、Pax Americana 実現のための"剣と盾"となるだろう！」
…という野心があったためです。（B/C-1）

イギリスもバカじゃありませんから、そんなアメリカの野望を見抜き、連盟軍の創設には反対です。
「連盟軍の創設を認めれば、それを盾としてアメリカが世界支配することは火
　を見るより明らか。
　それは、我が国の求心力の低下、Pax Britannicaの崩壊を意味する。
　連盟の強制力としては、外交調停や経済制裁で充分！」（B/C-4）
…として、連盟軍の創設に反対します。

これに対してフランスは、条件付きで賛成です。
「連盟軍の創設には基本的には賛成だが、
　連盟陸軍を我がフランス軍で構成させることが条件だ」（B/C-5）
もちろんフランスは、連盟陸軍を牛耳ることで、ヨーロッパ覇権を復権したいというハラです。

まさに三者三様ですが、これはイギリスの意見が通ったため、「連盟軍」は創られませんでした。

当時、アメリカの経済力・軍事力は他を圧倒していました。

通常、外交力はその国の経済力（or 軍事力）に比例しますので、アメリカの主張が通ってよさそうなものですが、そこは海千山千の老獪な外交手腕を誇る英仏首相（D.L.ジョージ、G.B.クレマンソー）を前にすれば、アメリカはついこの間まで「孤立主義」を貫いていたこともあって、外交経験の蓄積がなく、またT.W.ウィルソンの個人的な外交能力の不足もあって、いいようにあしらわれてしまったのでした。

こうして、国際連盟には「連盟軍」が創られなかったため、のちに独・伊・日の暴走を止めることができず、機能停止に陥ることになります。

つぎに、懸案となったのが「植民地問題」。（D-3）

ウィルソンの「十四ヶ条」の第５条にこう書いてあります。

── 植民地問題は、民族自決に基づき公正な解決が為されなければならない。

この文字ヅラだけに目を奪われて、

「さすがアメリカは正義の国！　立派なことを言うなあ！」

…などといちいち騙されてはいけません。

これもまた建前にすぎません。

だいたいそもそもアメリカ合衆国自体が、インディアンを虐殺し、殺戮し、駆逐してつくりあげた国です。

そこに「民族自決」など影も形もありません。

自分たちはインディアンたちの生命・財産・地位・名誉を問答無用で奪い去っておきながら(＊11)、「民族自決って大切だよね」と言われても、英仏も苦笑するしかなかったことでしょう。
　アメリカの本心は、
「Pax Americana（パックス アメリカーナ）の実現のためには、英仏が目の上のタンコブだ。
　やつらを追い落とすためには、彼らから植民地を剥奪（はくだつ）してやればよい。
　民族自決は、そのためのよい方便となる」
…というもので、イギリスは植民地なくしてその未来はあり得ませんから、これに対してこう反論します。
「植民地人はキリスト教も知らず、民主主義も知らぬ野蛮で劣等な民族であるから、我々がちゃんと導いてやらねば秩序が保てないのだ！
　我々が蛮族どもを支配するのは、やつらに秩序を与えてやるための慈善事業のようなものだ！
　これを妨げることは正義に反する！」
　植民地から搾取（さくしゅ）していないんだったらまだしも、あれだけひどい搾取（さくしゅ）の限りを尽くしながら、よくもいけしゃあしゃあとそんなセリフが吐けたものです。

（＊11）詳しい内容については、拙著『世界史劇場 アメリカ合衆国の誕生』（ベレ出版）で詳説されていますので、興味のある方はそちらをご覧ください。

しかし、欧米人は「自分たちの文明・文化・伝統・価値観・学問・宗教・制度だけがつねにかならず正しく、これに反する存在のすべてが劣等・野蛮・悪だ」という信念が強い(＊12)ため、こういう発言が恥ずかしげもなくしれっと出てきます。
　そこで、折衷(せっちゅう)案として以下の案に落ち着くことになります。
　戦前、植民地だったところを「今すぐ解放」すれば、自立すらできない彼らのためにならない。
　そこで、いつか彼らが自立できる日まで、いったん連盟に預けることにしよう。
　連盟は預けられた地を適当な国（旧宗主国）に統治を委任して、野蛮人たちが自立できるよう導いてあげる。
　こうして、戦前まで「植民地」と呼ばれていた地は、戦後「委任統治領」と名を変えることになりました。
　しかしその実体は紛(まご)うことなき「植民地」です。
　こうして、ただ体裁を変え、名を変えただけで、彼らは植民地支配をつづけることを可能としたのでした。

(＊12) 彼らのこの価値観は強烈でたいへん根強い。「他者を理解することも評価することも受け入れることもできないこと自体が野蛮じゃないのか」とツッコミを入れたくなりますが。

つぎに、ドイツ処理問題について。

アメリカは、「勝利 な き 講 和」(E-1/2)を叫びました。
Peace without Victory

- ドイツにも民族自決を適用、領土の割譲もしない。
- 賠償金も取らない。
- ドイツの復興を認める。

これももちろん、ドイツに同情しているからではありません。

当時急速に左傾化していたドイツを右に引き戻すためであり、復興後のドイツをアメリカの"市場"とするためです。(＊13)

しかし、「19世紀の呪縛」(＊14)が解けていない英仏がこんなものを認めるはずがありません。

イギリスはアメリカの提唱する「ドイツの経済復興」と「領土の割譲要求はしない」(E-4)ことは認めたものの、

- 当然、賠償金はたっぷりもらう。
- 経済復興は認めても、海軍の再建は認めない。

…という、やはり自国の都合しか考えていないものでした。

(＊13) 養豚所がブタにたっぷり食事を与えるのは「ブタがかわいいから」でも「ブタのためを思って」でもありません。まるまると太らせてから食べるためです。それと同じで、今回、アメリカがドイツの復興を願うのは、いったんドイツには豊かになってもらって、せっせとアメリカ製品を買ってもらい、ドイツの富を吸い尽くすためです。
まさに「ブタは太らせてから食え」ということです。

フランスは、ただただ「ドイツこわい！」「ドイツこわい！」の一念だけで、
- ドイツが二度と永久に復興できないくらいの莫大な賠償金を請求する。
- ドイツの経済復興など断じて認めない。
- もちろん領土の割譲要求も行う。(E-5)

…という、きわめて感情論に傾いたものでした。

　このような 米 英 仏 の独善的要求がぶつかりながら締結された「ヴェルサイユ条約」の詳細については次幕に譲るとして、この間、日本は何をしていたのでしょうか。

　じつは、日本は「沈黙の相棒」と揶揄されるほど、会議においてほとんど発言しませんでした。

　重要事項を決定するはずだった「十人会議」に名を連ねながら、早々につまみ出されたことはすでに触れました。

　日本はヨーロッパ問題にはさしたる関心もなかったためですが、そんな日本が「対華二十一ヶ条」以外でほとんど唯一執着し、そして歴史上重大な意味を持った「要求」がひとつあります。

ドイツの復興は認める。
だが、賠金も償金も取る！
ドイツの領土は要らんが
ドイツ艦隊は沈める！

ドイツが二度と！永久に！
復興できないくらいの莫大な
賠償金をガッポリ取る！
ドイツ復興など断じて認めん！
ラインの左岸の領土も要求する！

ドイツこわい！
ドイツこわい！
ドイツこわい！
ドイツこわい！
ドイツこわい！

(＊14) 19世紀までの戦争は、ひとつの戦争が終わるたびに敗戦国から賠償金を取ることによって戦勝国はたいそう潤いました。しかし、「総力戦」となった第一次世界大戦以降、その"旧い常識"は通用しなくなったにも関わらず、当時の英仏にはそれがどうしても理解できず、19世紀の慣例通りに"潤う"ほどの賠償金を要求します。
それが第二次世界大戦を引き起こし、「西洋の没落」につながることに気づくこともなく。

それが「人種差別撤廃要求」(G-1/2)です。
　これは、史上初めて行われた要求であり、たいへん歴史的意義の深いものです。(＊15)
　しかし、この要求に対する白人の反応はすさまじい。

　G．クレマンソー　「あのチビは何を言っているのだ？」(F/G-5)
　R．セシル卿　　　「如何なる形式のものであろうともイギリスは絶対に同意しない！」(F-5)
　イギリス外務省　　「日本が唯一の非白人一等国であることは認めよう。
　　　　　　　　　　　劣等人種であること以外、すべての点で日本は我々白人列強と肩を並べている。
　　　　　　　　　　　しかし、それでも我々白人が日本と対等と認めることはあり得ない！」(F-4/5)
　R．ランシング　　「前例のない脅迫だ！」(F-4)
　アメリカ政府　　　「こんな危険な条項を批准するなど、夢にも思わない！」
　E．ハウス大佐　　「ジャップ(＊16)には絶対にしゃべらせない！」(F/G-4)

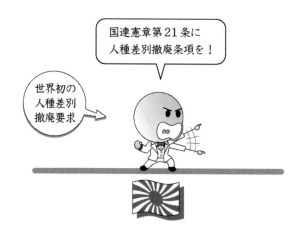

（＊15）にも関わらず、中高の歴史教科書ではほとんど触れられていませんが。

（＊16）日本人を侮辱して呼ぶときの言葉。敢えて訳せば「クソ日本人野郎」。

そもそも19世紀の国際秩序は、「白人が劣等人種の国々を蹂躙(じゅうりん)し、植民地化し、搾取(さくしゅ)し、支配する」ことを前提として成り立っていました。

にもかかわらず、人種差別撤廃！？

あり得ないことです。(＊17)

日本の要求は、たちまち握りつぶされることになります。

しかし、沈黙の相棒(サイレントパートナー)もこれだけにはこだわり、連盟規約が完成した日（4月11日）になって、もう一度これを提議します。

── じつにうまいやり方だった。（D.H.ミラー(デイビッド ハンター)）

難産の末ようやく連盟規約がまとまり、会場全体がホッと一息つき、協調ムードが拡がっているその絶妙のタイミングで提議されたからです。

議長を務めていたT.W.ウィルソン(トーマス ウッドロー)大統領は、

「原則として反対はしないが…」と前置きしつつも、

「そのような原則はすでに規約の精神として体現されているため、個別条項を設ける必要はないのでは」と口ごもる。

要するに、「大義名分は思いつかないが反対だ」ということです。

（＊17）もちろん、白人の中にも「正義という論争の余地のない原則(H-5)」「反対することは困難である」という意見も少数ながらありました。

結局、投票に託されることになりました。
　投票結果は、賛成16票、反対11票。
　日本の作戦勝ち、ついに「人種差別撤廃」を連盟規約に盛り込ませることに成功した……かに思えました。
　ところがここで、Ｔ.Ｗ.ウィルソン議長が議長権限で驚くべきことを宣言します。
　──かような重要な規定には全会一致が望ましいので、却下する。
　これまでずっと「多数決」で進めてきたにも関わらず、結果が出てから突然決議方式を変更するという理不尽。
　これにはさしもの白人列強の中からも「それはあまりにもひどすぎる」との声が上がったほどでしたが、ウィルソンはこれを強行、ついに人種差別撤廃法案は不当に握りつぶされたのでした。
　これが、自称「正義の国」のトップの所業。
　人種差別を堅持するためなら、どんな不義・曲解・不法をも厭わない。
　白人の人種差別意識の闇は、日本人には想像できないほど根深い。

第1章 新国際秩序の構築

第2幕

妥協の産物
国際連盟

「戦後の国際平和を護るため！」この大義名分の下に設立された国際連盟であったが、その実体は米・英・仏の「世界支配」を保証するための機関でしかなく、三国の壮絶な綱引きの結果生まれた「妥協の産物」でしかなかった。そのため、この国際組織は創立直後から崩壊に向かうことになる。

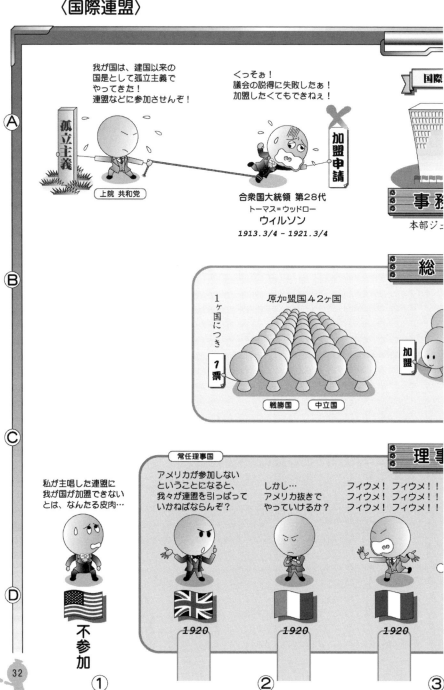

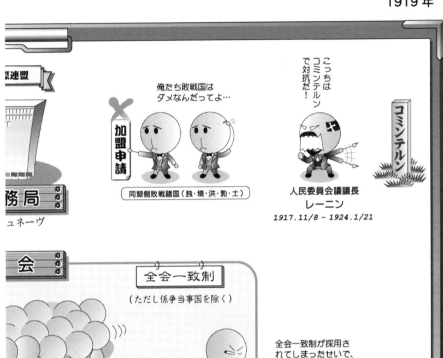

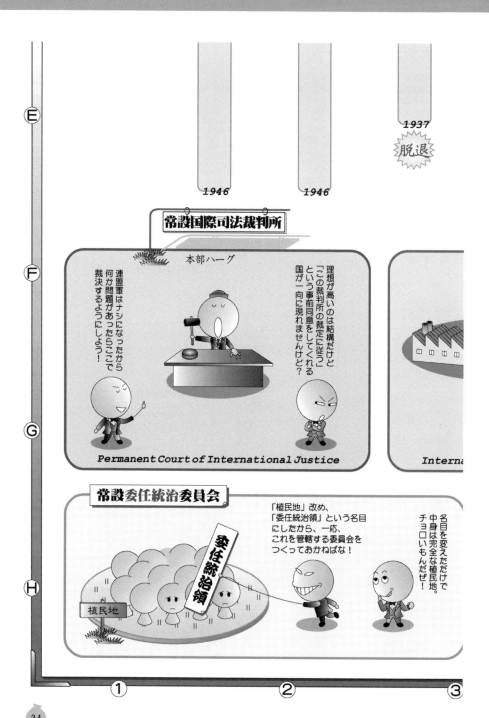

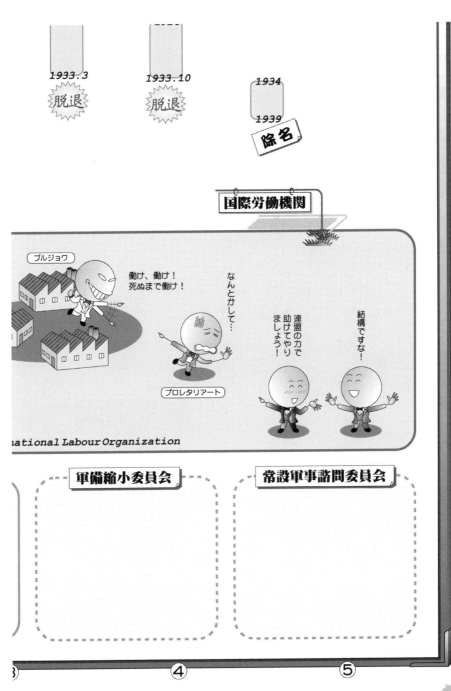

こうした三巨頭の覇権闘争の妥協の産物が「国際連盟(League of Nations)」でしたから、成立当初から欠陥だらけでした。

パリ講和会議の翌年、1920年1月10日、「連盟規約」全26ヶ条(＊01)を掲げ、世界42ヶ国(＊02)(B-2)を原加盟国として発足しました。

驚くべきことに、この「42ヶ国」の中には、旧敗戦国(独(ドイツ)・墺(オーストリア)・洪(ハンガリー)・勃(ブルガリア)・土(オスマン))はひとつも含まれていません。(A-4)

さらに、開戦時に協商(アンタント)側だったロシアは大戦中に滅亡し、ソ連がこれを継いでいましたが、そのソ連も含まれていません。(A-5)

ここに連盟の"正体(リーグ)"が見え隠れします。

彼らのいう「平和」があくまで「三巨頭による世界支配体制が維持された状態」だということが。

しかし、三巨頭にとっての誤算もありました。

T．W．ウィルソン(トーマス ウッドロー)が意気揚々、本国に帰国してみると、上院(セネイト)に条約の批准(じゅん)(＊03)を拒否されてしまったのです。(A-1)

(＊01) のちの国際連合憲章 全111ヶ条と比べると、1/4にも満たない簡素なものでした。

(＊02) のちに加盟国が加わり、最大時は58ヶ国。
　　　ちなみに、のちの国際連合の原加盟国は51ヶ国。2016年現在193ヶ国。

(＊03) 詳しくは、本幕コラム「条約の締結」を参照のこと。

上院(セネイト)の反対理由は、「建国以来の伝統政策"孤立主義"を堅持するため」というもの。

アメリカは建国以来「孤立主義」を採っていました。

今回はやむを得ず大戦に参戦したが、これは"特例"であって、連盟(リーグ)なんかに名を連ねたら、国際問題に巻き込まれてしまうではないか！

こうした世論を背景として上院は反対したのですが、じつのところ大統領に対する"いやがらせ"という側面も大きかったのです。(＊04)

いずれにせよ、三巨頭の"筆頭"ともいうべき「アメリカが不参加」という事態に陥ります。（A-2）

これにより、国際連盟は発足当初から半身不随となってしまいました。

世界最大の経済大国にして軍事大国のアメリカの合意のない連盟決議など、"紙切れ同然"だからです。

こうして連盟(リーグ)は、加盟国でも何でもない合衆国の顔色を窺(うかが)いながらの船出となります。

同盟側敗戦諸国（独・墺・洪・勃・土）
俺たち敗戦国はダメなんだってよ…

人民委員会議議長 レーニン
こっちはコミンテルンで対抗だ！

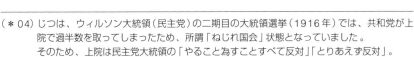
（＊04）じつは、ウィルソン大統領（民主党）の二期目の大統領選挙（1916年）では、共和党が上院で過半数を取ってしまったため、所謂「ねじれ国会」状態となっていました。
そのため、上院は民主党大統領の「やること為すことすべて反対」「とりあえず反対」。
反対の理由などは、あとから取って付けて、国民を煽ってやれば、「世論」など簡単につくりあげることができます。

つぎに、連盟(リーグ)の組織内訳を見ていきますと、大きく分けて、
- 事務局(セクレタリアート)(A-3)・総会(アセンブリ)(B-3)・理事会(カウンシル)(C-3)の3つの主要機関
- 常設国際司法裁判所(PCIJ)(F-1/2)などを始めとするいくつかの専門機関

…で構成されていました。

これを国家三権に譬(たと)えてみますと、以下のような感じになるでしょうか。
- 事務局(セクレタリアート)　　　　→ 行政府（内閣）… 政府
- 総会(アセンブリ)　　　　　　→ 立法府（衆議院）… 下院
- 理事会(カウンシル)　　　　　　→　〃　（参議院）… 上院
- 常設国際司法裁判所(PCIJ) → 司法府（裁判所）

まず、政府に相当する「事務局(セクレタリアート)」は、その本部が永世局外中立国のスイス・ジュネーヴ(＊05)に置かれました。

総会(アセンブリ)はすべての加盟国が参加できる議決機関で、42ヶ国から始まり、途中21ヶ国の追加盟により最大58ヶ国(＊06)までその数を増やしています。

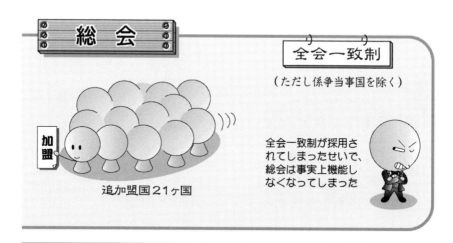

(＊05) 1920～36年までは「パレ・ウィルソン」、以降は「パレ・デ・ナシオン」という建物に置かれました。ちなみに、初代事務局次長は旧五千円札の肖像となっていた新渡戸稲造。

(＊06) 原加盟国42ヶ国に追加盟国21ヶ国なら、「42＋21」で加盟国数は「63ヶ国」になりそうですが、日本をはじめとする相次ぐ脱退があり、最大で58ヶ国(34年9月～35年1月まで)にすぎませんでした。連盟解散時には44ヶ国にまで落ち込んでいました。

原則として年1回開催され、1ヶ国につき1票。(B/C-2)
しかし。
決議方式には「全会一致(ユナニミティ)(＊07)」が採用されてしまいます。
利害が複雑に絡(から)む国際外交問題において、「すべての加盟国が全会一致(ユナニミティ)」などほとんどないことで、これも連盟(リーグ)を機能不全に陥らせる原因のひとつ(＊08)となっていきます。
つぎに上院に当たる理事会(カウンシル)。
初め英(イギリス)・仏(フランス)・伊(イタリア)・日の「常任理事国」と、耳(ベルギー)・希(ギリシア)・西(スペイン)・伯(ブラジル)の「非常任理事国(＊09)」(C/D-5)の計8ヶ国で発足(ほっそく)することになったものの、大国アメリカを欠いた(D-1)理事会は発言力が弱く、前途は多難でした。
のちにドイツ(D-4)を常任理事国に加え(1926年9月)、補完を図ったものの、つぎつぎと湧き起こる国際問題を前にしてたちまち無力を露呈し、すぐに連盟(リーグ)の欠陥が表面化してしまいます。

(＊07) ただし、「係争当事国を除く」。1933年リットン調査団の報告書の採択が総会で行われたとき、日本の反対票は「係争当事国であるため無効」とされ、採択されています。
(＊08) これで、「連盟の三大欠陥」が出そろいました。
　　　① 連盟軍の不在　② アメリカを筆頭とする主要国の不参加　③ 総会の全会一致制
(＊09) 任期は3年。のちに9ヶ国まで増やされました。(C/D-5)

こうして、連盟に失望した日本・ドイツが立てつづけに連盟を脱退し、その中枢を担うべき常任理事国はわずか3ヶ国にまで減って、もはや連盟は青息吐息。

　これをなんとか建てなおそうと、1934年9月、ソ連を加盟させ、常任理事国として認めます。

　ソ連といえば、ソ連成立以来、米英がさんざん敵愾心を煽ってきた仇敵でしたが、もはや背に腹は替えられず、これを味方に取り込もうとしたのですが、それも"焼け石に水"。

　すぐにイタリアに脱退（1937年12月）され、のみならず、なりふり構わず取り込んだソ連も統制がきかずにすぐに除名（1939年11月）してしまい、最終的な常任理事国は英仏の2ヶ国のみという為体。

```
1926年 9月　ドイツ　加盟 … 英仏伊日独（常任理事国 5ヶ国）
1933年 3月　日本　　脱退 … 英仏伊　独（　〃　　　　4ヶ国）
　〃　10月　ドイツ　脱退 … 英仏伊　　（　〃　　　　3ヶ国）
1934年 9月　ソ連　　加盟 … 英仏伊　ソ（　〃　　　　4ヶ国）
1937年12月　イタリア脱退 … 英仏　　ソ（　〃　　　　3ヶ国）
1939年11月　ソ連　　除名 … 英仏　　　（　〃　　　　2ヶ国）
```

最後に外部機関として創設された、国際問題を裁く司法機関「常設国際司法裁判所」。(F-2)

しかし、この機関が有効に機能するためには、「常設国際司法裁判所の裁定にすべての国が従う」という同意がなくては話になりません。

ところが、連盟(リーグ)加盟国の中から「常設司法裁判所の裁定に従います」という同意書にサインする国がまったく現れず、いきなり理想と現実のギャップが露呈しています。

外部機関には、常設国際司法裁判所の他にも、
- 国際労働機関　　　（F - 4/5）…世界の労働者の権利を護るための機関
- 常設委任統治委員会（G/H - 1 ）…委任統治領を管理するための機関
- 軍備縮小委員会　　（G/H - 3/4）…軍備縮小に尽力するための機関

…などがあり、連盟の組織を下支えするためのものでしたが、現実にはどれも機能不全に陥っていました。

Column 　条約の締結

　条約が「締結」されるまでには、いくつかの段階を踏まなければなりません。

　そこでよく混乱するのが、「採択」「調印」「批准(ひじゅん)」「発効」です。

　まず、いくつかの国の代表が集まり、条約についての話し合いが行われて、一定条件下で合意が生まれますと、「採択」となります。

　つぎに、採択された条約文書に各国全権の署名が行われます。

　署名することによって、「我が国はこの条約内容に合意し遵守(じゅんしゅ)する」ことを意思表示したこととなり、これを「調印」と言います。

　ところが、この段階ではまだ「条約が成立した」とは言えません。

　各国全権がいざ帰国してみると、国民が「こんな条約、認めない！」と大反対することがあるからです。

　そのため、帰国後、政府は議会や国民の承認を得るという段階を踏む必要が生まれます。

　ここで国民の信任を得て初めて「批准(ひじゅん)」となります。

　したがって、会議において満場一致で「調印」したとしても、いざフタを開けてみたら、ぞくぞくと批准(ひじゅん)を拒む国が現れ、条約そのものが白紙に帰することも珍しくありません。

　条約というのは、一定以上の加盟国がいないと意味を成さないこともあるため、あらかじめ「〇ヶ国以上の批准(ひじゅん)を以(もっ)て発効するものとする」などの条約の成立条件を入れておきます。

　これらの条件をすべてクリアしたとき初めて、条約は正式に動きはじめる（発効する）ことになります。

　ちなみに「締結」という言葉は、採択・調印・批准までの流れを曖昧(あいまい)に表現した言葉ですので、文脈によってどれを指すのかは変わってきます。

　たとえば、ECSC成立の年が、「1951年」と書いてあるものと「1952年」と書いてあるものがありますが、これは「調印」の年と「発効」の年、どちらを「締結」と見做(みな)すかの解釈に拠(よ)ります。

第1章　新国際秩序の構築

第3幕

勝利なき平和?
ヴェルサイユ条約

こうして講和条約は敗戦国ドイツの与り知らぬところで勝手に決められた。すべてが決まったあとでドイツ全権がヴェルサイユに呼びつけられ、調印させられる。半世紀ほど前、ドイツ初代皇帝即位式典が開かれたその場所で。その内容たるや、苛酷きわまりなく、こうした理不尽な仕打ちが、ヒトラーを育むことになった。

〈ヴェルサイユ条約〉

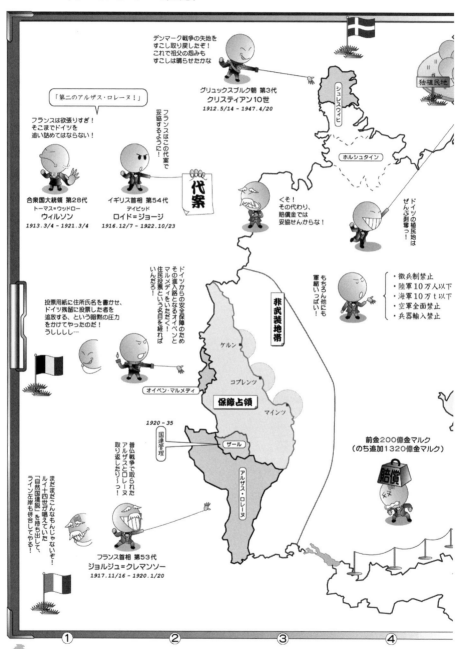

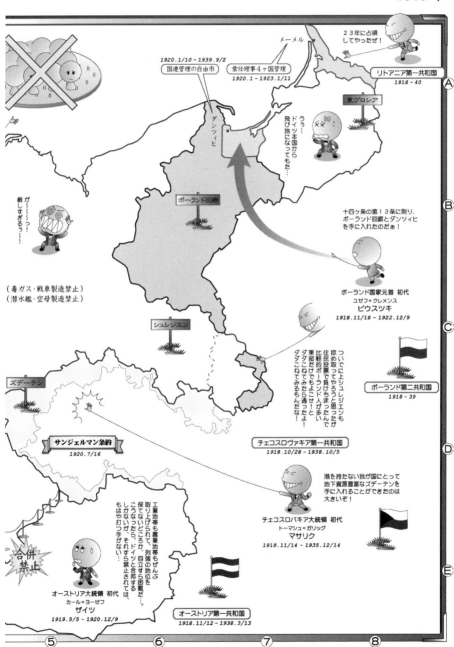

パリ講和会議の審議は、パリ市内にある外務省（ケドルセー）で、敗戦国の代表を呼ばずに戦勝国のみで行われました。(＊01)

会議が終わると、今度は自分たちだけで勝手に決めた"講和条件"を承認させるため、敗戦国の代表をパリにある外務省（ケドルセー）ではなく、その郊外（下図参照）に呼びつけました。

- 対 ドイツ　　　… 於 ヴェルサイユ　（外務省（ケドルセー） 西南西15km）
- 対 オーストリア … 於 サンジェルマン　（　〃　　西北西17km）
- 対 ハンガリー　 … 於 トリアノン　　　（　〃　　西南西16km）
- 対 ブルガリア　 … 於 ヌイイ　　　　　（　〃　　北西　4km）
- 対 オスマン　　 … 於 セーブル　　　　（　〃　　西南西 9km）

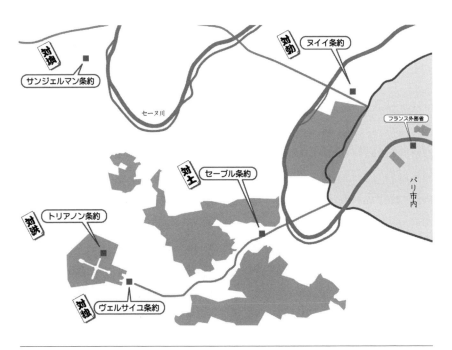

（＊01）裁判に譬えるなら、被告人も呼ばず、被害者の言い分だけを無条件で鵜呑みにして判決を言い渡す「欠席裁判」と同じです。

中でも、敗戦国中最大国のドイツ全権を呼びつけたヴェルサイユで締結された条約は非常に重い意味を持つため、パリ講和会議自体を「ヴェルサイユ会議^{（＊02）}」と呼ぶことがあるくらいです。

　そこで本幕では、ヴェルサイユ条約の内容について詳しく見ていくことにいたしましょう。

　すでに見てまいりましたように、パリ講和会議を開催するにあたってアメリカは、「勝利 なき 講和（Peace without Victory）」を叫びました。

── 敗戦国ドイツにももちろん「民族自決」を適用し、

　　ドイツ人の住む領土を分割しないように！

　しかし。

　こうした聞こえのよい標語（スローガン）も、すべては「Pax Americana（パックス アメリカーナ）」を実現するための御為ごかしにすぎず、これを阻止し、「Pax Britannica（パックス ブリタニカ）」を死守したいイギリスと、ナポレオン時代のような大陸覇権を夢見るフランスによって踏みにじられることになります。

　本幕パネルの地図をご覧ください。

　ヴェルサイユ条約によってドイツの国土や権利がどのように蚕食されていったのかを地図で確認することで、戦間期における"ドイツの怒り"も理解できるようになります。

　まずフランスは、さきの普仏戦争^{（＊03）}で奪われていたアルザス・ロレーヌ両州（D/E-2/3）を返してもらいます。

　アルザス・ロレーヌ両州の民族分布は、ドイツ人とフランス人が半々ほどでしたから、すでに「民族自決」に無理がありましたが、フランスは主張します。

（＊02）もっとも本文でも触れたように、本会議はほとんど外務省で行われたため、この呼び名は妥当とは言えません。

（＊03）パリ講和会議を遡ること半世紀ほど前の1870年に起きたプロシアvsフランスの戦争。この戦争に勝利したプロシアは「ドイツ第二帝国」を成立させました。

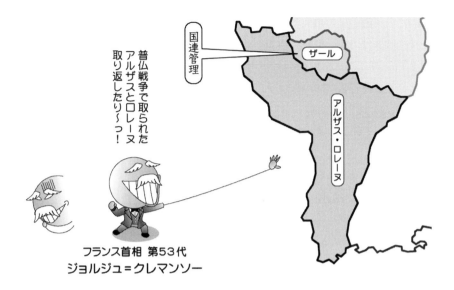

「そもそもここは半世紀前までフランス領だったのだから、民族自決云々以前に、返してもらうのは当然である！」
「それに、領内半数も占めるフランス人による民族自決であり、問題はない！」
残りの半数のドイツ人の民族自決は踏みにじっている点は見て見ぬふり。
それどころか、G．B．クレマンソー首相（E-1/2）は、こんなもので満足するタマですらありません。(＊04)
── 我が国は「自然国境説」に基づき、
　　ライン左岸（C/D-2/3）も要求する！

（＊04）第一次世界大戦を境として時代がガラリと変わり、以後、19世紀までの旧いやり方は通用しなくなっていたのですが、19世紀にどっぷり浸かって生きてきた老相クレマンソー（78歳）には、それがまったく理解できませんでした。彼は19世紀までの旧いやり方を突き通そうとした結果、自国を衰亡させることになります。彼は19世紀なら優秀な政治家だったかもしれません。しかし、20世紀には単なる「老害」でした。

自然国境説。

　そんなものは、250 年も前のルイ 14 世（＊05）が侵略戦争の口実として掲げたカビの生えたような政治思想です。

　時代錯誤な骨董品を持ち出してまでフランス膨張主義を正当化しようとするクレマンソーに、もとより「民族自決」を守る気などさらさらありません。

　当然、この要求に対して、T．W．ウィルソン（B-1）・D．L．ジョージ（B-1/2）両名は猛反発。

「クレマンソー殿！

　そんなことを認めれば、ドイツの深い恨みを買い、ライン左岸は"第二のアルザス・ロレーヌ"（A-1/2）となって、"第二次世界大戦"を引き起こす原因となることは必定！

　こればっかりは断じて認められませぬぞ！」

　しかし、クレマンソーは頑として首を縦に振りません。

　──いや！

　　誰がなんと言おうとライン左岸は我がフランスのものとする！

　そこで折衝の末、「代案」（B-2）が出されることになりました。

- ライン左岸をフランスに併合させることはできないものの、期間限定の「保障占領」（C/D-2/3）ということにする。
- 保障占領地域は、最短で 5 年、最長でも 15 年ののちには、順次ドイツに返還するものとする。
- その代わり、ライン右岸には「非武装地帯」（C-3）を設け、返還された保障占領地域は非武装地帯に組み込まれていくものとする。（非武装地帯はドイツ軍を進駐させてはならない）

（＊05）ブルボン王朝の第 3 代国王。治世 1643〜1715 年。「朕それ即ち国家なり」「太陽王」などの言葉で有名なフランス絶対主義絶頂期の王。その治世 72 年は、年代のあやふやなもの（神話・伝説・伝承など）を除けば史上最長。

こうしたスッタモンダの末、ようやく決着がついた(＊06)かと思いきや。

これで「珍重 珍重」(＊07)とはいかないところが、ヨーロッパ外交のヨーロッパ外交たる所以。

クレマンソーの貪欲は底を見せず、さらに畳みかけます。

── 我がフランスはライン左岸で妥協したのだから、

　その代わり、ザール（D-2/3）だけでも併合したい。

ザールは有望な炭田地帯だったので、フランスは「ザールだけでも！」と思ったのでしょう。

しかし、ザールだってライン左岸の一部で、その住民のほとんどがドイツ人ですから、「民族自決」を惹句にしている米英としては、これを承服することはできません。

そこで、ふたたび妥協が生まれます。

(＊06) ライン川の重要な渡河地点であったケルン・コブレンツ・マインツ（C/D-2/3）は、たとえライン右岸側であっても半径30km内は保障占領域内とする、など。

(＊07) 太田牛一が著した『信長公記』(全16巻)のシメの言葉。
　　　各巻の末尾をかならず「珍重 珍重（めでたし めでたし）」という言葉で結んでいました。
　　　ただし、「本能寺の変」で終わっている最終巻だけはこの言葉で結んでいませんが。

- ザールをフランスに併合させることはできないので、期間限定（1920〜35年）の「連盟管理」(リーグ)（D-2）ということにする。
- 連盟(リーグ)は預かったザールの統治をフランスに委託する。
- 期限が切れる35年に「住民投票」を実施し、フランスとドイツ、どちらに帰属したいかをザール住民に決めさせる。

　要するに、"民族自決"という体裁を繕（つくろ）うためだけに、
「"連盟管理(リーグ)"と呼び方を変えただけの事実上の"併合"を認める」(＊08)
…という意味です。
　これにより15年間は支配が保障されたわけだし、その15年間にきっちりフランス支配の根を張っておき、なおかつフランス政府の厳重な監視下で住民投票を行えば、15年後の帰属選挙に負けることもなく、そのときこそ「民族自決」の大義名分の下（もと）、堂々と併合してしまえばよい。
　フランスのゴネ勝ち、これでフランスは満足します。(＊09)
　つぎに、ベルギー（C-1）と国境を接するオイペン・マルメディ地方（C-2）。
　ここもほとんどドイツ人が住む土地でしたが、「住民投票」という建前にすぎない手続きを経て、強引にベルギーに割譲されます。
　つぎに、デンマークと国境を接するシュレスウィヒ地方とホルシュタイン地方（A/B-3/4）。
　ここは、半世紀ほど前（1867年）、デンマーク戦争でドイツに奪われた土地でしたから、デンマークはここぞとばかり「返還」を要求してきます。

(＊08) 彼らはこの手（実態はそのまま、呼び方だけ聞こえのよい言葉に置き換える）をよく使います。たとえば、第1幕でも触れましたが、「植民地」が槍玉に挙がるようになると、実態はそのままに名前だけ「委任統治領」と変えたり、「軍事同盟」に戦争のイメージがついてやりにくくなると、実態はそのままに名前だけ「相互援助条約」と変えたり。

(＊09) しかし、その後想定外の事態が起こり、結局フランスはザールを併合できませんでしたが。

Column 不思議な国境線

　本文ではちらりとしか触れなかった、オイペン・マルメディですが、"その筋"では有名な土地柄です。
　どの筋かと申しますと、鉄道オタクもしくは地図オタク。
　じつは今回、ヴェルサイユ条約でオイペン・マルメディがベルギー領となったことである問題が生じていました。
　新しく独(ドイツ)耳(ベルギー)国境となったところにちょうどフェン(バーン)鉄道という鉄道が走っていたのですが、その鉄道が問題のタネとなります。
　フェン(バーン)鉄道は始発駅も終着駅もベルギー領内にありながら、困ったことに、途中5回ほどドイツ領に入ってしまうのです。
　このままでは列車に乗っている乗客は、めまぐるしくドイツ領内への入出国手続きを繰り返さなければならないことになります。
　車掌さんは、慌ただしいパスポートチェックでタイヘンなことに。
　そこで、フェン(バーン)鉄道とその沿線を細長く切り取り、これをベルギー領とすることにします。
　これにより、フェン(バーン)鉄道沿線上はすべてベルギー領となり、入出国の問題はなくなります。
　ところが今度は、それにより切り離されたドイツの飛地(とびち)が5ヶ所も発生してしまいました。
　これが現在に至るまで独(ドイツ)耳(ベルギー)国境に飛地(とびち)が濫立(らんりつ)する原因となったのです。

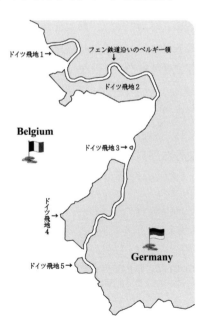

第3幕　ヴェルサイユ条約

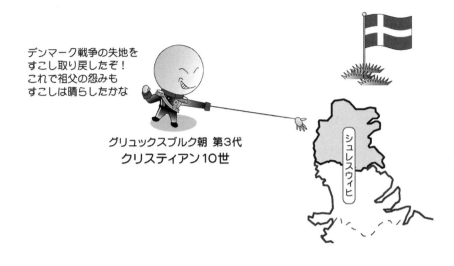

　ここは、デンマーク人とドイツ人が半々くらいずつ住んでいましたが、とくにシュレスウィヒ地方の北部はデンマーク人が多く住んでいましたから、「民族自決」の名の下（もと）、シュレスウィヒ地方の北部だけをムリヤリ切り取って、ここをデンマークに割譲させます。

　つぎに、リトアニア（*10）と国境を接するメーメル（*11）地方（A-7/8）。

　ここもやはりほとんどドイツ人しか住んでいない地域だったため、「民族自決」を原則とするなら、ドイツ領でなければならないところです。

　しかし、リトアニアは有望な港湾都市メーメルがどうしても欲しい。

　そこで、またしても伝家の宝刀「連盟管理（リーグ）」の登場です。

（*10）当時のリトアニアはその独立を国際承認されたばかり（1920年）の「第一共和国」。
　　　のちに第二次世界大戦中、ソ連によっていったん滅ぼされ（1940年）、その属国に甘んじていましたが、ソ連解体の動きと連動してふたたび独立を達成（1990年）。
　　　現在は「第二共和国」となっています。

（*11）現クライペダ。

　メーメルは「常任理事国の管理下」(A-7)とされ、事実上リトアニアに下げ渡されることになります。[*12]
　つぎに、ポーランド[*13]（C-8）。
　ドイツと国境を接する所謂「ポーランド回廊」(B-6/7)は、中世までポーランド領であったため、ポーランド人も比較的多く住んでおり、「民族自決」の名の下、ポーランドに割譲されました。[*14]
　これにより、東プロシア（A/B-7/8）は飛地となってしまいましたが、そんなことより問題とされたのは、この「ポーランド回廊」に有望な港湾都市がなかったこと。
　海に出るための港湾都市がないのでは、ポーランドは"陸の孤島"です。
　そのすぐ近くに「ダンツィヒ」[*15]（A/B-6/7）というきわめて有望な港湾都市がありましたが、ここはほぼドイツ系住民しか住んでいなかったため、「民族自決」は通りません。

(＊12) 1923年になるとリトアニアはこの建前すら無視し、非合法にここを軍事占領します。
(＊13) 当時のポーランドは「第二共和国（1918〜39年）」。現在は「第三共和国」。
(＊14) もっとも、ここでも約半数にのぼるドイツ系住民の意志は圧殺されましたが。
(＊15) 現グダニスク。

しかし、ポーランド首相Ｊ．Ｋ．ピウスツキは是が非でもここが欲しいと聞かない。

そこで、またしても"伝家の宝刀"のお出まし。

ダンツィヒを「連盟管理の自由市」(A-6/7)とし、ポーランドが自由にこれを使えるようにしてやります。

さらにポーランドは、比較的ポーランド系住民の多かった上シュレジエン地方（C/D-6/7）をも奪わんと、強引に「住民投票」にかけさせました。

しかしこれに敗れると、今度は「上シュレジエンの東部はほとんどポーランド系住民なのだから、ここは住民投票など経ずとも無条件に民族自決によって我が国の領土である！」とダダをこね、ここを掠め取ります。

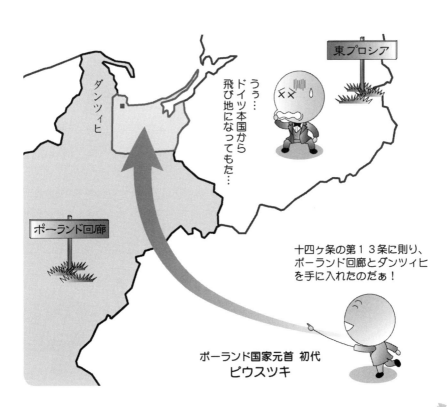

このように、「民族自決」の原則はことごとく戦勝諸国に都合のいいようにねじ曲げられ、踏みにじられ、ドイツは分割されていくことになります。

ドイツ国民の怒りは如何ばかりであったでしょうか。

のみならず。

ドイツが保有していた海外植民地はひとつ残らずすべて没収され(A-4/5)、戦勝国に分け与えられます。

せめて、国内の利権だけは守られたのでしょうか。

じつはそれすら守られませんでした。

軍隊は事実上の武装解除。(B/C-4/5)

- 徴兵制の禁止
- 陸軍は10万人以下に制限し、毒ガス・戦車など近代兵器製造禁止
- 海軍は10万t以下に制限し、潜水艦・空母など近代兵器製造禁止
- 空軍は全面禁止
- 兵器の輸入は一切禁止

近代兵器はつくれず、輸入もできず、陸海軍は使い物にならない小規模で、そのうえ空軍はなし。

制空権なくして近代戦は戦えません。

これでは、「武装解除」されたのとなんら変わりません。

ならば、最初からそう言えばよい！
　なぜそうは言わず、「制限」という"建前"にこだわったのでしょうか。
　じつはそこにヨーロッパ人特有の価値観があります。
　ヨーロッパでは、戦勝国が敗戦国に課す措置は、敗戦国を「滅ぼす」か、さもなくば「軍事再建を認める」か、の２つしかありません。
　尚武精神の強いヨーロッパ人にとって、「武装解除された国」は「滅亡」と同義ですから、「滅ぼしはしないけど武装は解除せよ」というのは、「命だけは助けてやるが心臓を鼓動させることは許さん」と言っているのと同じくらい意味不明な所業と考えるためです。
　ドイツは滅ぼさないことになりました。
　ならば、自動的に「ドイツの軍事再建は認める」ことを意味するはずですが、ここでドイツのことが恐くて恐くて仕方がないフランスがドイツの武装解除を強硬に主張して譲らなかったのです。
　さりとてドイツを武装解除すれば、怒り狂ったドイツ国民が立ちあがる可能性は高い。
　それを恐れた連合国がドイツ国民の怒りを逸らせるために「方便」として使用したものが「武装制限」だったのです。(＊16)
　こうしてドイツは、「民族独立」という御為ごかしの言葉に包まれつつ、身ぐるみ剝がされていったのでした。

(＊16) 太平洋戦争後、アメリカは日本に対して「武装制限」どころか完全な「武装解除」を目論みました。しかしそれをすれば、このときのドイツ同様、せっかく終わりかけた戦争が再燃しかねないと考え出した妙案が「平和憲法」。
白人お得意の「聞こえのよい言葉に置き換える作戦」は見事に成功します。

Column 仏独報復戦

　国家というものは、利害が絡みやすい隣国同士が仲が悪くなる傾向が強いものです。

　フランスとドイツも隣国であるうえ、その国境にあるアルザス・ロレーヌ（独語エルザス・ロートリンゲン）両州はたいへん豊かな土地であったため、その争奪戦が起こることで、その対立に拍車がかかることになります。

　刻1871年。

　普仏戦争に勝利したプロシア（ドイツの前身）は、宿願のアルザス・ロレーヌ州を奪っただけでなく、「ドイツ第二帝国初代皇帝（ヴィルヘルム1）即位式典」をよりによってヴェルサイユ宮殿の 鏡 の 間（ギャルリー デ グラス）で挙行します。

　ドイツにとって、最高の晴れ舞台だったかもしれませんが、フランス人は歯軋りをする思い。

　――おのれ、今に見ておれ！　ドイツ野郎め！！

　それから薪に臥し胆を嘗める想いの50年を経て、ようやく第一次世界大戦でドイツをねじ伏せることに成功したフランスは「今こそ50年前の復讐を果たすとき！」と考えます。

　フランスは今の今までパリの外務省（ケドルセー）で審議していたにも関わらず、いざ、ドイツの全権を呼ぶ段になると、外務省（ケドルセー）を出て、わざわざこの 鏡 の 間（ギャルリー デ グラス）にドイツ全権を呼びつけて、その全面降伏文書にサイン（サイン）させたのです。

　50年前、ドイツの栄光とともにあったこの回廊（ギャルリー）で。

　――よりにもよってここで署名（サイン）させるとは！

　　　なんたる屈辱！！

　怒り心頭のドイツ国民は、対仏復讐を誓います。

　こうした国民の怨嗟（えんさ）の声を結集する形で「ヒトラー」が現れることになったといっても過言ではありません。

　不毛な復讐戦はこの後もつづくことになったのでした。

第1章 新国際秩序の構築

第4幕

米英仏の思惑
対ソ防疫線の構築

対独講和のヴェルサイユ条約は苛酷なものであったが、対墺講和のサンジェルマン条約はそれよりずっと苛酷であった。戦前のオーストリア帝国は見る影もなくバラバラに解体され、国土の88％を失う惨状であった。こうして旧独・旧墺・旧露から新たに生まれた独立国家群を一直線につなげて「対ソ防疫線」がつくられた。

くそったれ〜…
「対ソ防疫線」
なんぞ作りおって！

人民委員会議議長
レーニン

〈対ソ防疫線の構築〉

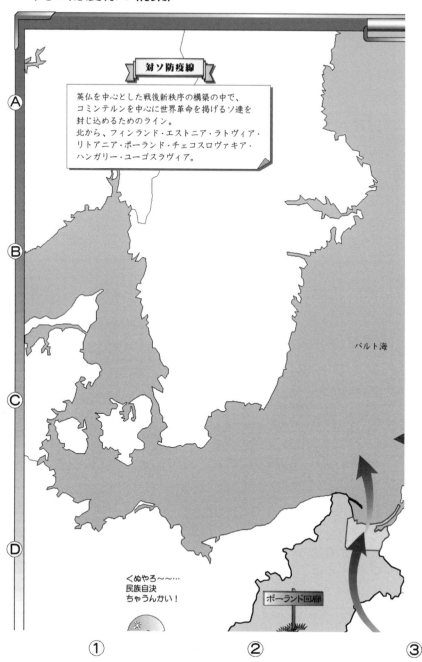

対ソ防疫線

英仏を中心とした戦後新秩序の構築の中で、コミンテルンを中心に世界革命を掲げるソ連を封じ込めるためのライン。
北から、フィンランド・エストニア・ラトヴィア・リトアニア・ポーランド・チェコスロヴァキア・ハンガリー・ユーゴスラヴィア。

バルト海

くぬやろ〜〜…
民族自決
ちゃうんかい！

ポーランド回廊

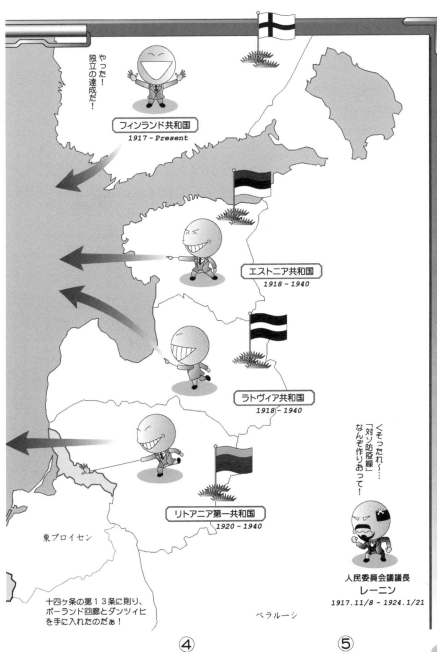

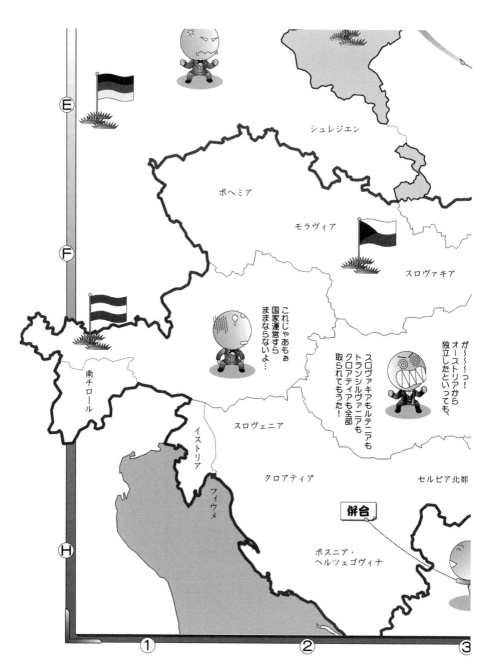

第4幕　対ソ防疫線の構築

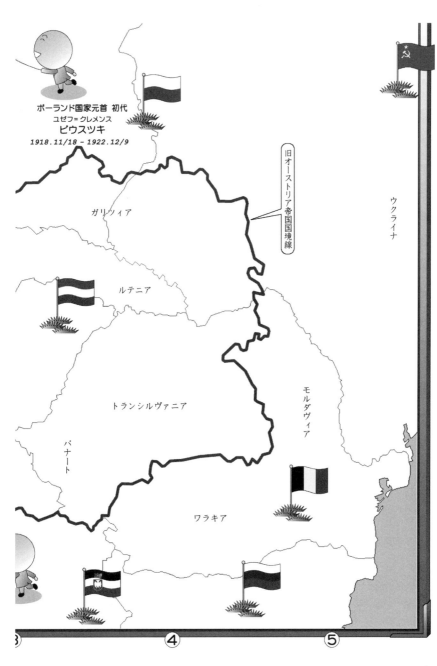

ヴェルサイユ条約について学んだあとを受けた本幕では、対墺(オーストリア)サンジェルマン条約について見ていくことにします。

まず戦前のオーストリア帝国を地図で確認してみますと、

- 全土：現在のオーストリア（F/G-1/2）を中心として、
  チェコ（E/F-2）、スロヴァキア（F-3）、ハンガリー（G-2/3）、
  スロヴェニア（G-2）、クロアティア（G/H-2）、
  ボスニア・ヘルツェゴヴィナ（H-2）
- 一部：イタリア北東部（南チロール・イストリア地方）（G-1）、
  セルビア北部（H-3）、
  ルーマニア北西部（トランシルヴァニア・バナート地方）（G-4）、
  ポーランド・ロシアの一部（ガリツィア地方）（F-4）

…まで含む大帝国でした。(＊01)

この大帝国を現在の国境に近い形でバラバラに分割したのが、本幕で解説する「サンジェルマン条約」です。

前幕で学んでまいりましたように、「ヴェルサイユ条約」によってドイツは多くの国土を剝(は)ぎ取られて屈辱を味わわされましたが、じつは、オーストリアはその比ではありません。

なんと、国土の88％、人口の85％を失ったばかりか、産業・工業・農業などの経済基盤のしっかりした地域、地下資源の豊かな地域(＊02)をことごとく失い、そのうえ、海まで失って"陸の孤島"となってしまいます。

戦前の大国の面影は見る影もなくなり、一気に"吹けば飛ぶような弱小国"となり下がります。

(＊01) 本幕パネルの「旧オーストリア帝国国境線」（E/F-4/5）をたどってみてください。
それにより如何に大きな国であったかがわかります。その面積たるや67万7000km²。
とはいえ、日本の国土面積と比べると、そのたった「1.8倍」。意外と小さい。
じつは、「小さな島国」と揶揄されることの多い日本より大きいヨーロッパ大陸の国は、現在たったの4ヶ国（ロシア・フランス・スペイン・スウェーデン）しかありません。

第４幕　対ソ防疫線の構築

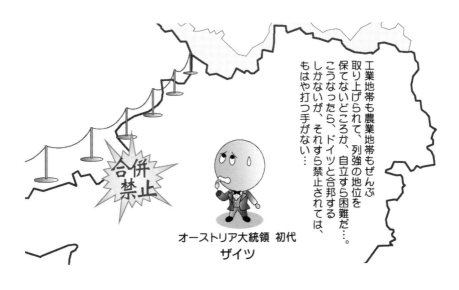

工業地帯も農業地帯もぜんぶ取り上げられて、列強の地位を保てないどころか、自立すら困難だ…。こうなったら、ドイツと合邦するしかないが、それすら禁止されては、もはや打つ手がない…

オーストリア大統領　初代
ザイツ

　こうなるともはや、経済的に自立していくことさえ困難となり、オーストリア国民の中から「ドイツへの合邦(がっぽう)」の声が挙がるほど窮乏(きゅうぼう)していくことになります。(＊03)

　しかし。
　そんなささやかな希望すら叶(かな)えられません。
　サンジェルマン条約(＊04)では、「未来永劫にわたってオーストリアはドイツと合併してはならない」と取り決められていたからです。
　大原則「民族自決」でいうなら、オーストリア人による「民族自決」で合邦(がっぽう)を望むのならいいではないか！　とツッコミたくなるところです。

(＊02) たとえば、ズデーテン地方（前幕パネルC/D-5）やトランシルヴァニア地方（G-4）。

(＊03)「他国に併合されることを自ら望むなんて！」と奇異に感じたかもしれませんが、もともと「オーストリア人」というのは「生粋のドイツ人」ですから、「他国に併合される」というよりは「同胞のもとに還る」といった感覚でした。

(＊04) 前幕パネルの（E-5）。

こうして、オーストリアは連合国側にとって都合のよいところだけ「民族自決」という大義名分の下で解体され、都合の悪いところでは適用されずに追いつめられていくことになります。(＊05)

　歴史を紐解けば、「民族自決」などという聞こえのよい言葉は、単に、米英仏が自分たちにとって都合のよい"戦後の新国際秩序"を構築するための御為ごかしだということは歴然です。

　当時は世界中に「白人列強に隷属させられていた植民地」があったのですから、「民族自決」というのならイの一番にそれらの植民地が解放されなければならないはず。

　にもかかわらず、実際にはこれらの植民地に独立が許されることはなく、それが適用されたのはことごとく東欧の国々でした。

　具体的には、北から順番にフィンランド(A-4)、エストニア(B-4)、ラトヴィア(B/C-4)、リトアニア(C/D-4)、ポーランド(E-3/4)、チェコスロヴァキア(F-2/3)、ハンガリー(G-2/3)、ユーゴスラヴィア(＊06)(H-2/3)。

　ではなぜ、連合国はこの東欧を中心とした国々にのみ「民族自決」を適用したのでしょうか。

対ソ防疫線

英仏を中心とした戦後新秩序の構築の中で、コミンテルンを中心に世界革命を掲げるソ連を封じ込めるためのライン。
北から、フィンランド・エストニア・ラトヴィア・リトアニア・ポーランド・チェコスロヴァキア・ハンガリー・ユーゴスラヴィア。

(＊05) そしてそのことが、のちにヒトラーによる「アンシュルス(オーストリア併合)」へと繋がっていきます。

(＊06) 当時の正式国号は「セルヴ＝クロアト＝スローヴェンヌ王国(直訳：セルビア人とクロアティア人とスローヴェニア人の王国)」です。これが1929年に「ユーゴスラヴィア王国(直訳：南スラヴ人の王国)」と改号されました。

もちろん「この８ヶ国に同情したから」ではありません。

単純に、彼らに独立してもらった方が米英仏(アメリカ イギリス フランス)にとって都合がよかったからにすぎません。

ここでも地図を注視することで、彼らの意図が見えてきます。

この８ヶ国をよく見れば、北はフィンランドから南はユーゴスラヴィアまで、間断なく一直線に並んでいることがわかります。

その直線(ライン)より東側に大戦中に生まれたソ連(＊07)（D-5）があることからも、これがソ連に対する「防疫線(コルドン サニテール)」(＊08)（A-1/2）であることは明白です。

しかし、防疫線(コルドン サニテール)の役割を演じてもらうためには、独立国家として自立できるだけの経済基盤を与えてやらなければなりません。

フィンランド・エストニア・ラトヴィアは「海（港）」を持っているのでよかったのですが、リトアニアは「海」を持っていなかったため、前幕でも解説いたしましたように、メーメルを強引にドイツから剝(は)ぎ取りました。

ポーランドも"陸の孤島"状態だったため、ダンツィヒが与えられたことはすでにご説明いたしました。

チェコスロヴァキアは内陸の国なので、「海」の代わりに「工業地帯ズデーテン」（前幕パネル C/D-5）が与えられます。

くそったれ〜…。
「対ソ防疫線」
なんぞ作りおって！

人民委員会議議長
レーニン

―――――

(＊07) 正式国号は「ロシア＝ソヴィエト連邦社会主義共和国（ＲＳＦＳＲ）」。よく混同される「ソヴィエト社会主義共和国連邦（ＵＳＳＲ）」はこのころまだ存在していません。

(＊08)「防疫線 (仏語「コルドンサニテール」の訳語)」というのはもともと、ペストなどの伝染病が発生したときにこれを食い止めるために張られた防御線のこと。
つまり「社会主義」というイデオロギーを「伝染病」になぞらえたということです。

問題は、ハンガリーとユーゴスラヴィア。

ハンガリーには地下資源豊かなトランシルヴァニアを与えればよかったのですが、ここは大戦中のブカレスト秘密協定（1916年）でルーマニアに割譲を約していたため叶わず、そもそも敗戦国ハンガリーにトランシルヴァニアを与えることへの反対意見が相次ぎ、結局ハンガリーには拠る術が与えられませんでした。

ユーゴスラヴィアにも「海」を与えるため、フィウメ（G/H-1/2）を併合させようとしましたが、これもロンドン秘密協定（1915年）に反するため、イタリアが大反対！

イタリア全権オルランド首相が、パリ講和会議の席を蹴って退場したのはこれが原因です。

そして、権益を奪われたこの２ヶ国が、のちに戦後の国際秩序を揺るがす存在となっていくことになります。

第2章　イタリア全体主義

第1幕

「戦闘者同盟」の登場
戦後イタリアの混乱

イタリアは大戦直前までドイツ陣営にあったにも関わらず、開戦後これを裏切って協商側に寝返ったおかげで「戦勝国」となった。しかし、講和は米英仏が戦利品を貪り喰う場となり、イタリアはそのおこぼれに与(あずか)らず、財政は破綻し、社会は紊乱(びんらん)していった。そうした混迷の中からムッソリーニが頭角を現す。

が〜〜〜っ！
我が国は戦勝国だっつぅのに
講和じゃ敗戦国みたい
じゃねぇか！

〈戦後イタリアの混乱〉

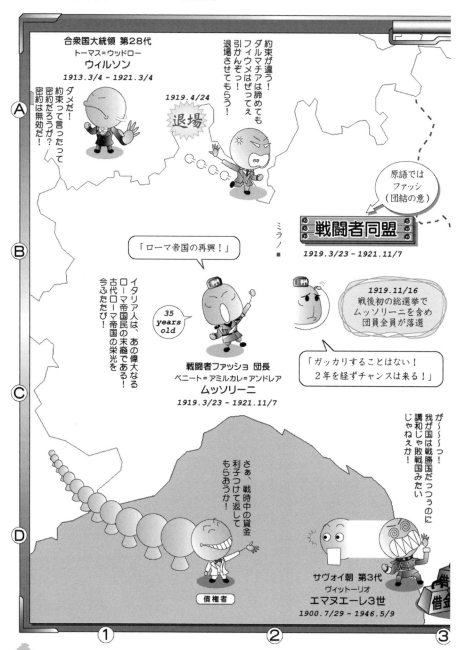

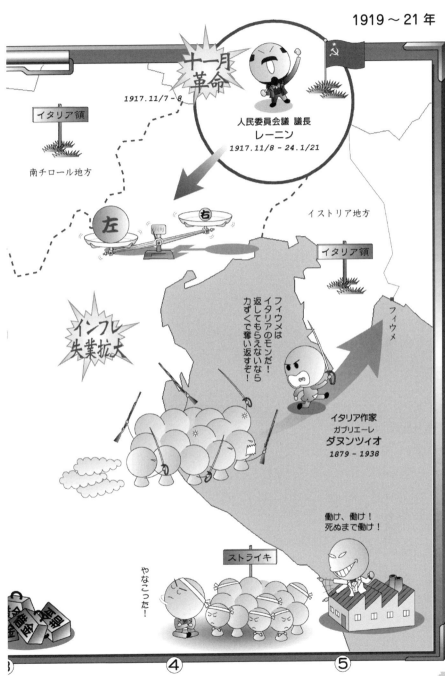

第1章では、戦後の新国際秩序(※01)である「ヴェルサイユ体制」が如何にして生まれたのか、そしてその本質はなんだったのかについて見てきました。
　その中で明らかになったように、ヴェルサイユ体制の「本音と建前」の乖離はすさまじいものがあります。
　政治・外交に無知な大衆を前にして、声高に叫ばれる建前は、
──世界の平和を護るため！
　然してその実体は、
──米英仏の所謂"持てる国(※02)"が既得権を護り通すため！
　これに逆らう者は、「正義」「国際平和」の美名の下、成敗する。
　これがヴェルサイユ体制の正体でした。
　やがて起こる第二次世界大戦の"真の原因"はそこにあるといっても過言ではありません。
　虐げる国（持てる国）があれば、当然、虐げられる国（持たざる国）も出てきます。
　彼らは戦後20年かけてどんどん追い詰められていき、やがては反旗を翻すことになります。
　いえ。
「反旗を翻さざるを得ないところまで追い詰められていった」
…と表現した方がより正確でしょう。
　まず、その先鞭を付けたのがイタリアでした。
──鼠も窮すれば反って猫を噛む。
　そこで本幕では、その動きについて見ていくことにいたしましょう。

（※01）「国際秩序」については次ページのコラムを参照のこと。
（※02）戦後の国際秩序ヴェルサイユ体制において、植民地などのあらゆる利権を独占した体制側の国々を「持てる国」と呼び、そこからはじき出された主要国を「持たざる国」と呼びます。「持つ」というのは、資源や市場や植民地などの経済利権を持つことを指します。

Column　国際秩序とは？

　国際秩序(インターナショナルオーダー)。

　日本人にはこの言葉がなかなか理解できません。

　それもそのはず、そもそも「国際秩序(インターナショナルオーダー)」という概念がもともとアジアには存在しないものだからです。

　ヨーロッパ人は「権利」という概念（これもアジア人にはもともとない概念）を持ち、その護持のためには命をも賭(か)ける民族です。

　そのため、ヨーロッパのどこか1ヶ所で小さな紛争が起こるや、そこからこぼれ落ちる「権利」にまわりの国々がわらわらと簇(むら)がり、やがてはヨーロッパ全土を巻き込む大戦争になることがしばしばでした。

　そんなことを繰り返すうち、ヨーロッパ人はハタと気がつきます。

――　こんなことを繰り返していたら、やがて我々は自滅するのでは？

　然(しか)り。

　こうしてヨーロッパ人は、自滅しないために自らを身動きできないよう縛りあげることを思いつきます。

――　そうだ、みんなで決めた"秩序"をみんなで守ることにしよう！
　　もしこれを破る国が現れたら、その国を袋叩きにしてやろう！

　こうして生まれたものが「国際秩序(インターナショナルオーダー)」です。

　アジア人に「国際秩序(インターナショナルオーダー)」の概念が生まれなかったのは、権利意識のないアジア人は、そもそもそんなものがなくても秩序を維持できたからです。

　最初に生まれた国際秩序(インターナショナルオーダー)は、三十年戦争の戦禍の中から産声(うぶごえ)をあげた1648年の「ウェストファリア体制」です。

　これがフランス革命とナポレオンによって破られると、対仏大同盟が結成され、これを袋叩きにしようとしました。

　そうした観点から第二次世界大戦を見ると、この戦争は、"当時の国際秩序「ヴェルサイユ体制」を破ろうとした枢軸国(アクシス)を袋叩きにした戦い"と言うこともできます。

イタリアは、第一次世界大戦直前までドイツ陣営でした。(＊03)

しかし、いざ大戦が勃発すると、イタリアはあっさりこれを裏切り(＊04)、協商側に付いて参戦したため、戦勝国となることができました。

しかし。

戦後のイタリアは戦勝国とは思えないほどの経済的苦境に陥ります。

パリ講和会議では、戦中のロンドン密約で返還を約束されていた「未回収のイタリア」の一部であるはずのフィウメ（B-5）が切り離され、ユーゴスラヴィアに併合されたことはすでに前幕で触れました。

怒り心頭のイタリア全権オルランド首相は席を蹴って退場、これによりイタリアは「米　英　仏 が貪りあう利権」のおこぼれに与ることがほとんどできなくなってしまいます。

イタリアは、こたびの戦争で莫大な戦債を負ったのに、おこぼれに与れなかったため、戦後、その支払いに追われて国庫は破綻状態（D-2/3）、経済は恐慌のような様相を呈します。

インフレは猛威を揮い、失業者は街にあふれる。（B/C-4）

戦勝国でありながら、あたかも敗戦国のごとし。(＊05)

(＊03) 1882年に独墺伊三国同盟を結んでいます。

(＊04) 1915年のロンドン秘密協定。これによりイタリアは「ドイツに対する裏切り」の代償として、戦後の「未回収のイタリア返還」の確約を得ました。

こうした情勢に国民の不満は鬱積し、その不満の捌け口は、大きく３つの方向性を示しました。

■　その１：左傾化　■
　大戦中に起こったロシア革命（A-4/5）成功の報(ニュース)は、イタリアでも左を勢いづけました。（A/B-4）
――諸悪の根源はすべて資本主義にあり！
　　今の苦しみも、貧困も、すべては資本主義のせいである！
　　資本主義さえ打ち倒せば、地上の楽園が出現するであろう！
　こうして、社会の不満を糾合する形で世論が急速に左傾化し、1919年11月の総選挙では、なんと社会党が第一党にまで昇り詰める有様。
　とはいえ、このときは右政党が小党連合を作って与党となり、社会党は与党になれませんでした。
　そこで社会党は、
――ロシアと同じようにやろう！（＊06）
…を合言葉(スローガン)に労働者を煽(あお)ったため、全国の工場では罷業(ストライキ)が頻発(ひんぱつ)（D-4/5）し、それはやがてトリノを中心として「北伊ストライキ」に発展します。

（＊05）裏切者というものは、寝返った先の陣営にも信用されないため、こうしたことはしばしば起こります。日本で「裏切者」の代名詞といえば小早川秀秋ですが、豊臣恩顧の身ながら関ヶ原の土壇場でこれを裏切って徳川に付いたものの、徳川陣営から蔑視され、あたかも敗将のごとき冷遇を受け、そのわずか２年後、失意のうちに亡くなります。享年21。
（＊06）「ロシア革命のイタリア版を起こそう！」という意味です。

■ その2：右傾化（ダヌンツィオ）■

その反動として生まれたのが世論の右傾化です。
当時イタリアの作家だった G ．ダヌンツィオは叫びます。
── 我々がこんな苦境に喘がなければならないのも、本を糺せば、
ロンドン条約で確約されていたフィウメが返還されなかったためである！
ヴェルサイユ体制がこれを反故にするというのなら、我々が力ずくでこれを奪還しようではないか！

こうしてダヌンツィオは自ら義勇兵を編成しフィウメに侵攻、これを奪取してしまいます。(B/C-5)

フィウメ奪取に成功したダヌンツィオは初め、フィウメをそのままイタリア政府に引き渡すつもりだったのですが、国際世論に気後れしたイタリア政府は受け取りを拒否。

イタリア政府に見棄てられたダヌンツィオは「フィウメ独立」まで考えましたが、結局彼の野望は失敗に終わります。

（＊07）古代ローマ時代、「権力の象徴」としてファスケス（斧と鉄棒を束ねたもの）がありましたが、後世これが「団結の象徴」として扱われるようになり、ファッシというイタリア語へ転訛し、「団結」「同盟」を意味するようになりました。

■その3：右傾化（ムッソリーニ）■

　右傾化のもうひとつの動きが、B．A．A．ムッソリーニ（B/C-2）を中心とした動きでした。
　彼は1919年ミラノ（B-2）で「戦闘者同盟(＊07)」（B-2/3）を結成し、「ローマ帝国の再興！」（B-1/2）をスローガンとして政治活動に入ります。
── イタリア人は偉大なるローマ帝国民の末裔である！
　　その我々がもう一度"ローマ帝国の栄光"を取り戻すことができないはずがない！
　このときムッソリーニ、まだ35歳という若さでした。
　戦闘者同盟が結成されたまさにその年（1919年）、戦後初の総選挙が行われたため、ムッソリーニも勢い込んでこれに立候補したものの、このときはまだ力不足、立候補した団員全員が落選しています。
　しかし、彼はめげません。
── なぁに、ガッカリすることはないさ。
　　２年と経ずして、チャンスはまた来る！
　然してその言葉通り、「２年と経ずして」チャンスはやってきます。

その総選挙で大躍進を遂げた社会党が、その「2年」で彼らの指導力のなさを露呈したためです。
　じつはさきほど触れました「北伊ストライキ」は、社会党の中でも「左派」が中心となって指導されたものでしたが、これを快く思っていなかった「右派」は、なんとそれを弾圧する側の政府と組んでしまいます。(＊08)
　労働者にしてみれば、社会党（左派）の指導の下に資本家や政府と戦っていたら、その社会党（右派）が政府とタッグを組んで弾圧を始めたのですから、ワケがわかりません。(＊09)
　「裏切られた！」との思いの労働者は急速に社会党から離れてゆき、世論は「左がダメなら右」とばかりに急速に右傾化していきます。
　その"風"を受けて、つぎの総選挙（1921年）で「戦闘者同盟」は35議席も取る大躍進を遂げたのです。
　結党からわずか2年目の快挙でした。

(＊08) 1921年1月の社会党「第17回党大会」において、社会党右派と左派の対立は決定的となり、ついに左派が社会党から離脱して「共産党」として独立しています。
　　　しかも、残った社会党内部も、中道派と右派で対立する有様でした。

(＊09) 無学な労働者には、左派だの右派だのの区別はつきませんでしたから。

第2章 イタリア全体主義

第2幕

黒シャツ隊迫る！
ローマ進軍

戦後初のイタリア総選挙ではひとつの議席も出せなかった戦闘者同盟(ファッシ)も、社会の混乱に乗じて、2回目の総選挙では35議席を得る。そこで、イチかバチかの勝負に出ることにした。その名も「国家ファシスタ党」と改め、全国から一斉に党員がローマに向かって示威行進を始めたのである。狼狽(ろうばい)した国王は…。

部下に進軍(しんぐん)させ、自分自身はいつでもスイスへ亡命できるように万全待機

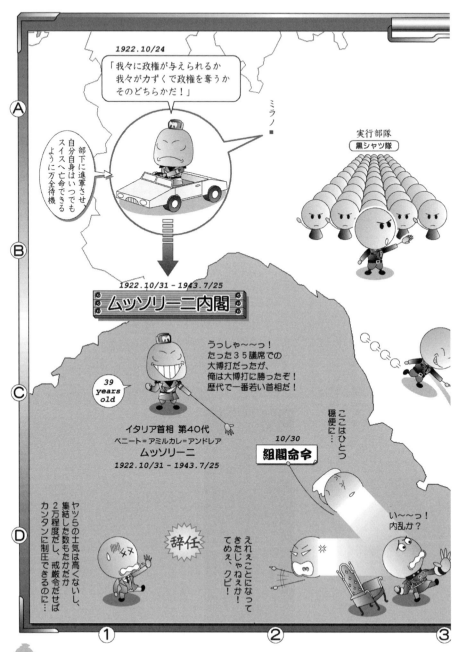

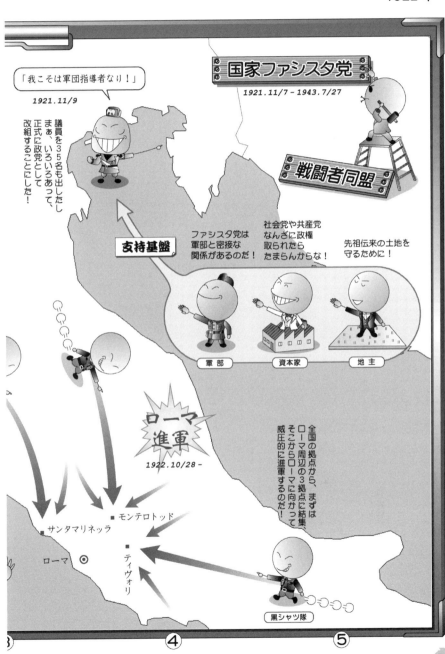

結 党からわずか2年で35議席獲得という快挙を遂げたムッソリーニ。このときまだ37歳という若さ。

これを機にムッソリーニは、まだ正式な政党ではなかった「戦闘者同盟(ファッシ)」を「国家ファシスタ党」に改組。(A-5)

さらには、イタリア三色旗(トリコローレ)をモチーフに中央に束桿(ファスケス)(＊01)をあしらったデザインの党章(右図)を作り、極右政党らしく、軍部・資本家(ブルジョワ)・地主(＊02)を支持基盤(B-5)に、党としての体裁を整えていきます。

── 我こそは軍団指導者なり！(A-3/4)

ムッソリーニは得意満面でしたが、そうは言っても、所詮35議席です。

全体の535議席から見れば、ムッソリーニの目指す"国政を左右する"にはほど遠い数字です。(＊03)

ここで、

── これを起点(スタート)として、20年かけて与党になってみせる！

…という志を口にしようものなら、

「たまたま"風(あお)"に煽られて35議席とったごときのことで大口叩きおって！」
「つぎの総選挙では消え、泡沫(ほうまつ)政党のひとつとして忘れ去られるのがオチさ！」

…とせせら笑われる程度の議席数。

ところが、ムッソリーニはその"斜め上"を行きます。

(＊01)「ファシスタ」の語源となったものです。詳しくは、前幕の(＊07)を参照のこと。

(＊02) 政界における右が「軍部」、産業界における右が「資本家」、農業界における右が「地主」ですから、各界の右という右が一斉にムッソリーニを支持したような感じです。

(＊03)「快挙」という表現は、あくまで「前回総選挙でのゼロ議席に比べれば」という意味です。

――このまま一気に政権を獲る！

　耳を疑い、思わずムッソリーニを二度見したくなるような言葉です。
「言うに事欠いて、政権を獲るだぁ？？？
　寝言は寝てから言え！　たったの35議席で何ができる！？」
　しかし、彼は言います。
――我々に政権が与えられるか、
　　我々が力ずくで政権を奪うか、そのどちらかだ！（A-1/2）
　当時のイタリアは王国（＊04）ですから、総選挙の結果は結果として、どの政党に組閣させるかの権限は国王にあります。
　つまり、35議席だろうがなんだろうが、国王に信任されれば政権を獲ることができるというわけです。
　逆に、国王に信任されなければ最大政党であっても政権は獲れません。
　事実、1919年の総選挙（＊05）でも、社会党が第一党を獲ったにも関わらず、

（＊04）王朝名は「サヴォイ朝」。1861～1946年。
　　　　当時の国王は第3代ヴィットーリオ＝エマヌエーレ3世（D-3）。

（＊05）戦後初の総選挙が1919年で、通算回数で数えれば「第7回総選挙」。
　　　　つぎの総選挙が1921年で通算で「第8回」となります。

社会党は国王 V(ヴィットーリオ). エマヌエーレ３世に嫌われていたため(＊06)、与党にはなれませんでした。

　ならば、たとえ35議席の弱小政党であっても、国王に信任されさえすれば政権を獲(と)るのに問題はなかろう！

　さきのムッソリーニの言葉は、

── 国王が我々を信任するならばそれでよし。

　　さもなくば、国を滅(そ)ぼしてでも政権を奪取するぞ！

…という政変(クーデタ)も辞さない国王への脅し文句です。

　ムッソリーニは、伸(の)るか反るか、イチかバチか、乾坤一擲(けんこんいってき)、ルビコンを渡る覚悟を決め、大勝負に出ます。

　刻(とき)を同じくして、全国に散らばっていた党の実行部隊「黒シャツ隊」(＊07)（A/B-2/3）を一斉に王都ローマ周辺の３都市(＊08)に結集させ、ローマを囲むように威圧し、それでも国王が動かなければ、そこから最終目的地のローマに進撃させる ── という計画でした。

（＊06）社会主義と君主制は相容れませんから当然といえば当然です。

（＊07）ガリバルディの千人隊が別名「赤シャツ隊」と呼ばれたのに倣ってこう呼ばれました。

（＊08）サンタマリネッラ、モンテロトッド、ティヴォリ（D-3/4）の三都市。

所謂「ローマ進軍」です。

1922年10月27日の深夜から翌28日にかけて、ぞくぞくと黒シャツ隊が3都市に向かって"進軍"を始めます。

ところで。

このときムッソリーニは、黒シャツ隊の先頭に立って隊員を鼓舞していたかと思いきや。

彼はローマでなく、ミラノ（A-2）で情報収集に余念がありませんでした。

政変の動向をリアルタイムで収集し、失敗したと判明したらただちにスイスへ亡命できるよう準備万端整えつつ。(＊09)

ところで、ローマ進軍を知った政府はただちに戒厳令を出そうとしましたが、これにビビってしまった国王が布告文書にサインしてくれません。(D-2/3)

現職ルイージ＝ファクタ首相は国王に訴えます。(D-1)

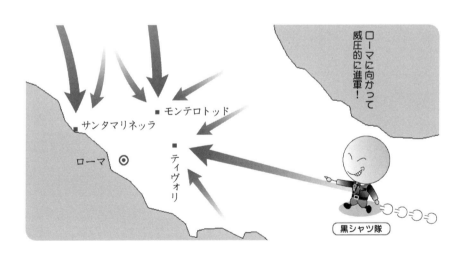

(＊09) 部下を危険な前線に立たせ、自分は絶対安全圏で命令だけを下す。
失敗すればイの一番に逃げ、成功すればその甘い汁をすする。
のちにヒトラーがローマ進軍を真似て"ベルリン進軍"を強行しようとしましたが、そのときはヒトラー自ら前線に立ったことを思えば、彼の器量の小ささが見て取れる一幕です。

「陛下！　気後れなさいますな！
　やつらの士気は高くありません！
　３都市に集まった黒シャツ隊など、たかが２万にも及んでおりませぬ！
　今、戒厳令を布いて然るべく対処すれば、やつらなどたちどころに制圧できるのです！」
　実際、ファクタ首相の言う通りでした。
　そのころのミラノでは、３都市に結集した黒シャツ隊がわずか２万にも満たないことを知ったムッソリーニは、政変(クーデタ)の失敗を確信し、亡命手続きに入っていたほどです。
　しかし。
　首相の言葉は国王の耳には届かず、逆にファクタ首相が解任され(D-1/2)、30日にはムッソリーニに組閣命令が発せられたのでした。(C-2)
　こうして彼は「第40代 イタリア首相」に就任することになりました。
　まさに薄氷を踏む思いでしたが、彼は賭けに勝ったのです。
　ムッソリーニ、このときまだ39歳。
　歴代でもっとも若い首相でした。

第2章 イタリア全体主義

第3幕

我々は古代ローマの末裔である！
ムッソリーニ独裁への道

政変（クーデタ）は成功し、ムッソリーニ内閣は生まれた！しかし、わずか35議席の内閣に何ができよう？そこでムッソリーニは国王に時限権力として「独裁権」をもらい、これによりアチェルボ法を通し、総選挙に臨む。結果は国家ファシスタ党が単独で2/3を獲得し、独裁基盤を築き上げることに成功する。

ムッソリーニ内閣

クーデタ騒ぎを起こしてまで首相になったはい〜が、議席35人ではど〜しよ〜もない…

首相
イタリア首相 第40代
ムッソリーニ

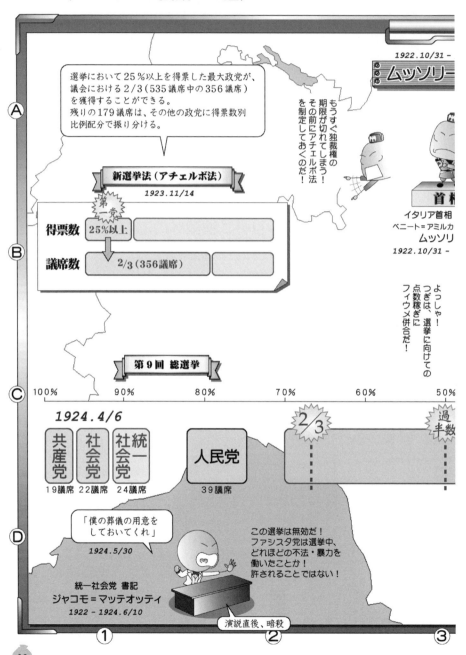

第3幕 ムッソリーニ独裁への道

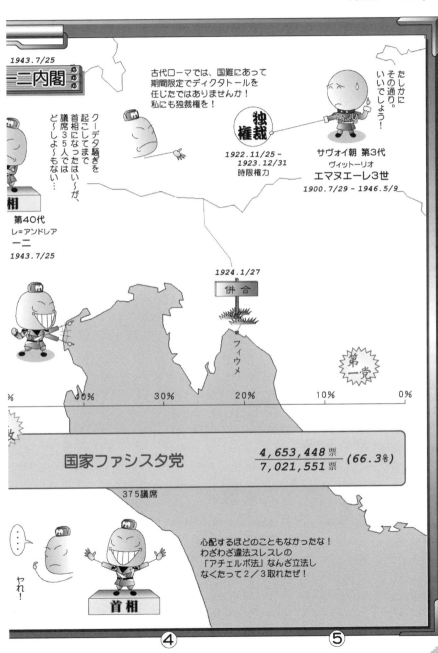

ムッソリーニは「人生最大の賭け」に勝ち、政権を獲ることができました。結果だけを見れば、ローマ進軍は「大成功」だったかもしれませんが、その成否はたいへん殆ういものでした。

　もしあのとき、国王ヴィットーリオ・エマヌエーレ３世が毅然とした態度に出ていれば、まちがいなく政変は無惨な失敗に終わっていたでしょう。(＊01)

　そうなれば、後世「ローマ進軍」という政変があったことも、それどころか「ムッソリーニ」という政治家がいたことすら、知る者はいなかったかもしれません。

　そうなれば、ムッソリーニのローマ進軍の成功に触発されて立ちあがった「ヒトラーの存在」も怪しくなり、その後の歴史は想像できないほど違ったものとなっていたことでしょうから、今回、この「ローマ進軍」が成功したことは、人類の歴史を語る上でも大きな転換点となっていたことがわかります。

　しかし。

　政変を成功させたからといって、以後のムッソリーニの人生が順風満帆になったわけではありません。

　むしろ、これからが大変です。

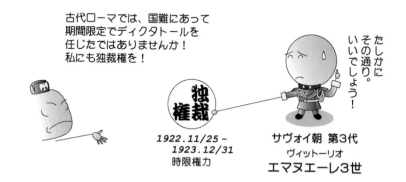

古代ローマでは、国難にあって期間限定でディクタトールを任じたではありませんか！
私にも独裁権を！

独裁権

1922.11/25 －
1923.12/31
時限権力

サヴォイ朝 第3代
ヴィットーリオ
エマヌエーレ３世

たしかにその通り。
いいでしょう！

（＊01）のちにヴィットーリオ＝エマヌエーレ３世は、このときのことを述懐して、「あれは不可抗力だった。ああでもしなければ、国内は内乱状態となって、もっと悲惨なことになっていただろう」と必死の弁明をしています。

なにしろ"数の論理"で動く国会において、その議席数が「たったの35議席」なのですから。

これでは身動きひとつできません。

そこでムッソリーニは、国王に泣きつきます。(A-4)

――陛下！

　我々は偉大なるローマ帝国民の末裔(まつえい)です。

　古代ローマでは、平時には2人の「執政官(コンスル)」による合議制でしたが、

　国難にあっては"半年間"という時限を切りつつも、ひとりの「独裁官(ディクタトール)」に独裁権を与えて国難を乗り切ったではありませんか。

　今、我が国もこの国難を乗り切るために、古代ローマに倣(なら)うべきです。

国王はこれに同意し、古代ローマに倣(なら)って、あくまでも「1ヶ年の時限権力」(*02)としながらもこれを認めました。(A-5)

よし！　そうなれば、この1年間のうちに手を打たねば！

こうしてムッソリーニは、この独裁権を最大限利用して、悪名高き「アチェルボ法」を通します。(B-1/2)

これは「選挙において、得票率25％以上を獲得した最大政党が議会における2/3の議席を得ることができる」というもの。

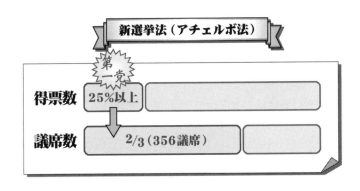

(*02) 正確には「1922年11月25日から翌23年12月31日まで」。

民主主義理念からすれば、ほとんど意味不明なものです。
　しかし、これによりムッソリーニは、つぎの総選挙でたった25％を得票するだけで、どんな法案でも通す独裁権を握ることができるようになるわけです。
　もっともそのためには、つぎの総選挙で「25％の得票率」を取ることができなければ話になりません。
　そこでムッソリーニは、国民の歓心を買うため、右から左まで国民全体の不満のタネとなっていた「フィウメ（B/C-4/5）問題」に乗り出します。
　当時のフィウメは、ダヌンツィオの占領後、イタリア政府とユーゴスラヴィア政府との妥協により、伊（イタリア）南（ユーゴ）の両国が自由に使用することのできる「自由市」となっていました^(＊03)。
　ムッソリーニはこれを正式に併合してしまいます。（B/C-3）
　これには国民も右から左、上から下まで熱狂、やんややんやの大喝采！
「ムッソリーニ、万歳（ヴィーヴァ）！」
「ムッソリーニに任せておけば大丈夫！」
　このことでムッソリーニの予想を超える支持が集まり、その3ヶ月後という絶妙のタイミングで実施された総選挙（C-1/2）では、国家ファシスタ党の得票数は、なんと465万票。（C/D-5）

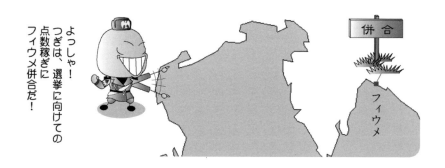

（＊03）1920年のラパッロ条約により。このとき、イタリアはもうひとつの「未回収のイタリア」であるダルマティアの放棄を認めています。

第3幕　ムッソリーニ独裁への道

　これは得票率25％どころか、66％をも超える数字です。
　ムッソリーニはアチェルボ法に頼るまでもなく、堂々と2/3を獲得したのです。(＊04)
　議席では、全535議席中375議席（70％）を得（C/D-2）、もはやどんな法案も通すことができるようになり、国内でムッソリーニに逆らう者はいなくなります。
　いえ。
　ひとりだけいました。
　それが、統一社会党(＊05)の書記 J（ジャコモ）．マッテオッティ議員（D-1/2）です。
　彼は、議場において演説しています。
「こたびの選挙は無効である！
　この選挙中、ファシスタ党によってどれほどの暴行・強要・収賄・脅迫などの選挙違反が繰り返されたことか！
　ここにいる者でそれを知らない者はいないぞ！！」

（＊04）もっとも、その選挙そのものが、国家権力をフル活用して暴行・強要・収賄・脅迫など、不法の限りが尽くされたものではありましたが。
（＊05）社会党は「左派」「中道派」「右派」に内部分裂し、左派は社会党から分離独立して「共産党」となったことは「第2章 第1幕」で触れましたが、じつはその後、右派も分離独立して、このころには「統一社会党」を名乗っていました。

興奮してまくし立てるマッテオッティの口撃に対し、ムッソリーニはじっと首相の席に座り、反論するでもなく黙って聞いていました。
　もはや事ここに至っては、何を言っても"負け犬の遠吠え"。
——ふん！
　どうせ"人生最後の演説"だ、言いたいだけ言わせてやれ。
　マッテオッティ議員は自分の演説が終わったあと、友人に告げます。
「僕の葬儀の用意をしておいてくれ」(D-1)
　果たして。
　彼はその10日後、何者かによる他殺体で発見されることになります。
　一応犯人は捕まりましたが、すぐにムッソリーニによって恩赦を受け、釈放されましたから、黒幕が誰かはいうまでもありません。
　こうして、ムッソリーニに抵抗した最後の人物はあっさりと葬り去られ、以後、ムッソリーニは独裁へ向かって驀進していくことになります。(＊06)

心配するほどのこともなかったな！
わざわざ違法スレスレの
「アチェルボ法」なんざ立法し
なくたって２／３取れたぜ！

(＊06) もっともこの強引なやり方に反発も生まれ、独裁体制確立までにはもう一悶着あるのですが、本書では割愛いたします。

第2章 イタリア全体主義

第4幕

国民に媚びながら
ファシズム体制の確立

2/3の議席を手に入れたムッソリーニは、次々と独裁への道を突っ走る。首相に加え、内相・外相・労相・陸相・海相・空相を兼任し、他党を禁止して一党独裁として、ついには国会も廃止する。さらに、永年の懸案であったローマ教皇との和解を果たし、まさにムッソリーニは我が世の春を謳歌していたところへ…。

〈ファシズム体制の確立〉

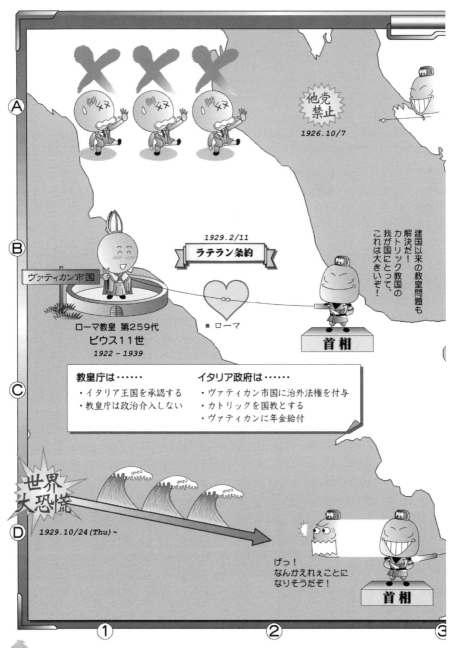

第4幕 ファシズム体制の確立

1925〜29年

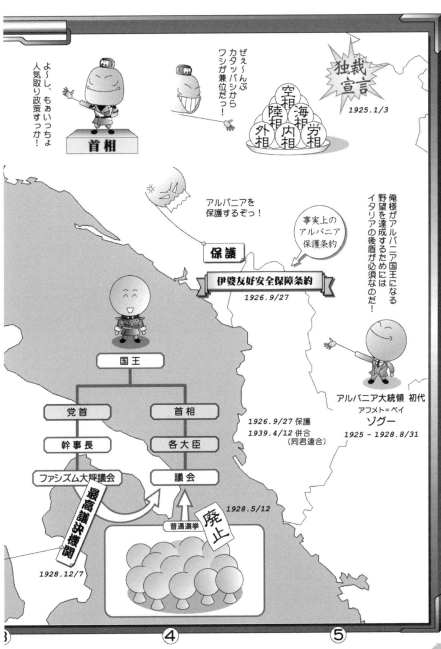

議席の2/3を得たムッソリーニは、その支配地盤を盤石(ばんじゃく)とするべく動きます。

　彼は首相の地位にありながら、外相・内相・労相・陸相・海相・空相、ありとあらゆる大臣職をひとりで兼任し、およそ「皇帝」と変わらない独裁権力を獲得、1925年1月3日には「独裁宣言」が発せられます。(A-5)

　しかし、独裁者になれたからといって、ふんぞり返って威張っていればよいというものではありません。

　むしろ、独裁者はつねに国民の顔色を窺(うかが)い、媚(こ)び、その歓心を買わなければなりません。(＊01)

　そこで彼が目をつけたのがアルバニア。(C-5)

　イタリア半島はよく長靴(ブーツ)の形に譬(たと)えられますが、その長靴(ブーツ)の踵(かかと)の部分(＊02)(C/D-4)とアルバニアは海峡(＊03)(C/D-4/5)を挟んでわずか80kmほどしか離れておらず、古来、イタリア人が往来してアルバニアには多くのイタリア系住民が住んでおり、イタリア国民がこれを望んでいたためです。

　そのうえ、ここは軍事的にも本土防衛の戦略的要地であると同時に、バルカ

(＊01) それができない独裁者は「悪い独裁者」として、時を経ずして革命・政変にその命を散らすことになります。

(＊02) 正しくは、「サレント半島」。

(＊03) 正しくは、「オトラント海峡」。

ン半島への橋頭堡でもありましたから、ムッソリーニは、是非ここは勢力圏下に置いておきたい。

ところで、ムッソリーニに狙われる形となったアルバニアは、当時Ａ．Ｂ．ゾグー を大統領とする共和制でしたが、政情は不安で、ゾグー大統領はこれを安定させるための"後ろ盾"を欲し、また同時に自ら「国王」に即位したいという野心も抱えていました。

こうした両者の利害が一致し、1926年「伊婆友好安全保障条約」が締結されます。

名前だけ見れば、「友好安全保障条約」などと聞こえのよいものになっていますが、要するにアルバニアはイタリアの「保護国」となり、アルバニアはその独立性を失うというものでした。

しかし、ゾグー自身にはその自覚はなかったようで、おめでたいことに、ムッソリーニが自分に「国王」の地位を保障してくれ、政情も安定させてくれて、願ったり叶ったりと考えていたようです。

他国の軍事力で支えられた国など、その時点で「独立国家」とは言えず、またそれによって醸し出された平和や安定など、その支配国の意向ひとつで一

瞬で消し飛び、国自体も殆(あや)うくするものだということすら、彼には理解できなかったようです。(*04)

案の定、ほどなくアルバニアはイタリアに併合(*05)され、亡国の道をたどることになります。

こうして、いよいよ国民の人気を得たムッソリーニは、他党も禁止(A-2/3)し、ついに「一党独裁」体制を勝ち取りました。

のみならず。

当時のイタリアは、一応建前上は国王 V(ヴィットーリオ).エマヌエーレ3世を頂点とした行政システム(C-4)になっていたものの、一党独裁政党の党首であるムッソリーニが首相も大臣職も独占し、すでにそれも形骸化していました。

そのうえ1928年、国会まで廃止(D-4)され、党議会(*06)がこれに代わる最高議決機関とされてしまいます。(D-3/4)

これで、もはや国内でムッソリーニに逆らい得る勢力はなくなった！

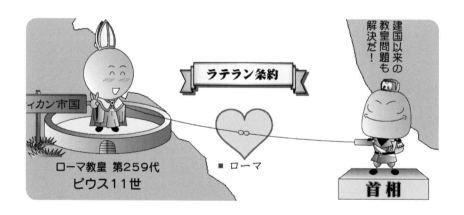

(*04) 現在でも「安全保障条約」などという聞こえのよい条約を結び、マスターカントリーの軍事力の庇護下にあって「平和だ」「平和だ」と喜んでいる国民がいます。
　　　彼らはゾグーを嗤うことはできません。

(*05) 第二次世界大戦勃発直前の1939年4月のこと。
　　　ゾグーは命からがら亡命させられることになります。

…と思いきや、じつはまだ頭の痛い問題がありました。

それがローマ教皇（B-1）です。

当時のイタリア政府とローマ教皇は、イタリア王国成立の経緯(＊07)から対立関係にあったうえ、教皇というのは「神」を後ろ盾にしているだけにたいへん厄介な存在でした。

そこでムッソリーニは教皇と「ラテラン条約」（B-2）を結びます。(＊08)

- イタリア政府はヴァティカンを独立国家として認める代わりに、
- 教皇は二度と政治に介入しない。

こうして、現在「国連加盟国の中で最小の国モナコ」の1/5ほどの広さしかない主権国家「ヴァティカン市国」が生まれ、イタリア政府は教皇と和解しました。

── これでようやく盤石なる独裁体制が完成した！

ムッソリーニがそう胸をなでおろす遑もなく、世界恐慌の"津波"（D-1）がイタリア全土に猛威を揮います。

彼の懊悩煩悶はむしろここから始まるのでした。

(＊06) これを「ファシズム大評議会」と言います。
(＊07) 詳しくは本幕コラム「イタリア王国と教皇」をご覧ください。
(＊08) 独裁者というものは国内のすべての権力を掌握しようとするものですが、西欧においていつもその障害となるのが教皇です。ナポレオンも独裁に向かう過程で「コンコルダート」を結んで、教皇との和解を図っています。

Column　イタリア王国と教皇

　ムッソリーニが独裁者として君臨していたころのイタリア王国は、まだ成立してから70年ほどしか経っていない比較的若い王国です。

　イタリア王国の成立以前、すなわちサルディニア王国によって統一されるまでのイタリアは1000年以上もの長きにわたって諸小国が割拠（かっきょ）する分裂時代、日本でいえばさながら「戦国時代」のような様相を呈していました。

　日本と違うのは、日本の戦国時代の場合、この分裂状態を"常態"と思わず、まもなく織田信長のような「天下布武」を掲げる勢力が現れて100年で幕を閉じたのに対し、イタリアの場合、そうした天下統一を掲げる勢力がなかなか現れず、それがあまりにも長くつづきすぎたせいで分裂状態が"常態"として安定してしまっていた点です。

　それが19世紀半ばに入ってようやく、イタリアの一小王国にすぎなかったサルディニアが天下統一に名乗りを上げ、1861年、イタリア統一を達成したのです。

　その際サルディニアは、中部イタリアにあったローマ教皇の支配地「教皇領（へいどん）」をも併呑せざるを得ませんでしたが、それがローマ教皇の逆鱗に触れてしまいます。

　イタリア国民のほとんどはカトリック教徒でしたから、その頂点に君臨する教皇を怒らせてしまったことは、国家運営上、悩みのタネ。

　これは、「天下布武」を掲げた織田信長が、現在の大阪のド真ん中に根を下ろしていた石山本願寺を制圧する過程で、その信者たちによって引き起こされた各地の一向一揆に頭を抱えたことを思い起こすとわかりやすいかもしれません。

　なんとか統一を果たしたものの、イタリア王国は何くれとなく教皇からインネンをつけられ、国家運営に支障が出る始末。

　ムッソリーニの「ラテラン協約」はこうした時代背景の中から生まれたものだったのです。

第3章　ヴァイマール共和国

第1幕

画家を夢見て
ヒトラーの生い立ち

20世紀を震撼させたA・ヒトラー（アドルフ）。彼はなぜ「20世紀の怪物」と呼ばれるような人物となっていったのか。それを理解する上で、彼の生い立ちを知っておくことは重要な意味を持つ。本幕では、ヒトラー誕生から志願兵として第一次世界大戦へ出征する直前までの人生を追っていく。

俺は画家になるんだ！
レオナルドダヴィンチ並の
偉大な天才画家に！

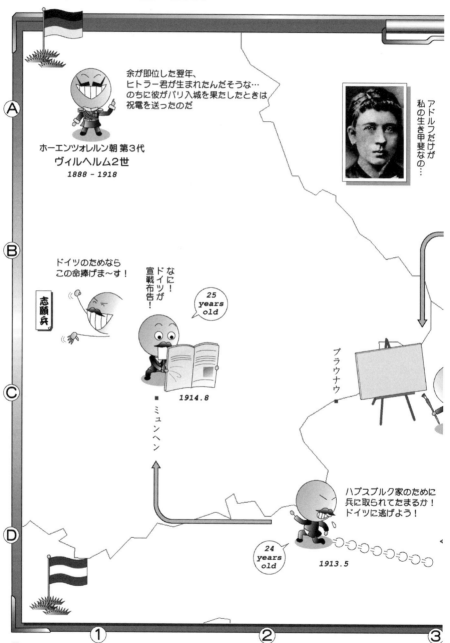

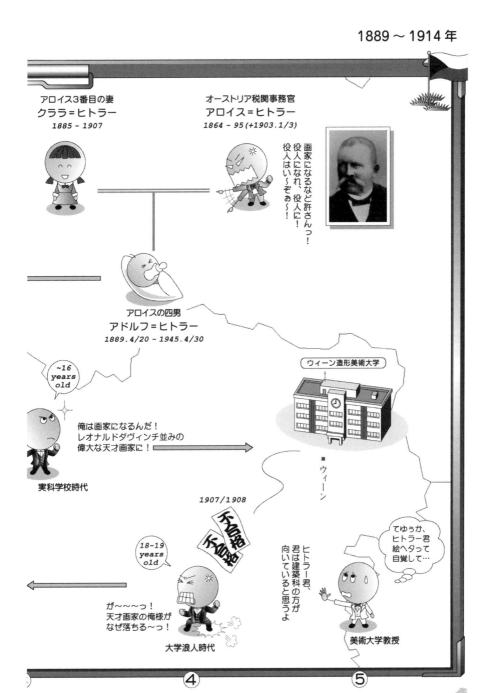

ムッソリーニのローマ進軍の成功に触発され、その後の人生を大きく変えられた人物がいました。

　その人物こそが、本章からの主人公アドルフ＝ヒトラーです。

　彼の理解なくして20世紀の理解はあり得ませんが、巷間、彼の行った汚行悪行が 強調(クローズアップ) されるばかりで、そもそもなぜ彼がそのような振る舞いに至ったのか、その生い立ちや社会的・政治的・歴史的背景に立って解説されることが少ないように思います。

　しかし、それを知らずして、ヒトラーを理解することなどあり得ないことですので、本幕では彼の生い立ちを見ていくことにいたしましょう。

　彼は皇帝ヴィルヘルム2世（A-1）が即位した翌年1889年の4月20日、独墺国境に隣する街ブラウナウ(*01)（C-2/3）で生まれました。

　オーストリアの税関事務官のアロイス（A-4/5）を父として、その3番目の妻クララ（A-3）を母として。

　ヒトラーは幼いころからとにかく絵を描くのが好きで、これに没頭しました。

アロイス3番目の妻
クララ＝ヒトラー

オーストリア税関事務官
アロイス＝ヒトラー

(*01) ブラウナウといっても他にも同名の地があるため、「イン川の畔にある」という形容をつけて「ブラウナウ＝アム＝イン」というのが正式名称です。ちなみにチェコにもブラウナウという地名があって、のちにヒンデンブルクが「ブラウナウ出身のヒトラー」を「チェコのブラウナウ」と勘違いして「ボヘミアの伍長」と蔑むようになった、ともいわれています。
　（「ボヘミアの伍長」の由来についてはじつのところよくわかっていませんが）

子供が一心不乱に絵を描く。
──ボクは将来レオナルド゠ダ゠ヴィンチのような立派な画家になるんだ！
　実際、画家で生計を立てるということはたいへんなことですので、そうした現実の厳しさをまだ知らない子供の微笑ましい夢です。
　しかし、父アロイスは、こうした子供のささやかな夢に怒りを爆発させます。
「画家だと！？　くだらんこと吐かしおって！
　そんなものでメシが食えるようになるものか！
　そんな妄想を抱いているヒマがあったら勉強しろ！！」
　いつの時代にもどこの国にもこうした親はいるものです。
「また一文にもならん絵なんぞ描いておったのか！
　いいか！？　おまえはワシと同じ役人になるのだ！
　役人に絵を描く技術など要らん！！」(＊02)
　こうして父から理不尽な暴行を受けつづけたことで、アドルフは父を憎むようになり、その父から自分を庇ってくれる唯一の存在・母クララを強く慕う少年となっていきます。(＊03)
　やがてアドルフ13歳のとき、父が亡くなると、"暴君"から解放された彼は、以降、ただひたすらに絵を描くことに没頭します。(C-3)
　18歳になったとき、都のウィーン造形美術大学を受験しましたが、モノの見事に失敗。(D-4)
　田舎では"秀才"であっても、都会に出れば"凡才以下"ということは、いつの時代にもよくあることです。

(＊02) もっともアロイスの場合は、「子供を養うのは自分の老後の面倒を見させるため」と考えていましたから、アドルフには稼いでもらわないと自分が困るという理由でしたが。

(＊03) 彼は、自分が尊敬するレオナルド゠ダ゠ヴィンチの代表作『モナリザ』が「母クララによく似ている！」と言って憚りませんでしたが、どう見ても似ていません。
　　　彼の母に対する慕情がそう思わせたのかと思われます。

実際、彼の画力は大したものではありませんでした(＊04)が、自分を「天才画家」だと信じて疑っていなかったアドルフは苦悩します。
──なぜだっ！？
　　俺はレオナルド＝ダ＝ヴィンチ以来の天才画家だぞ！？
　　その俺が不合格だなんて！！
　　俺の絵がすばらしすぎて、あのボンクラ教授には理解できないのだ！
　しかも、哀しみはつづきます。
　このころアドルフ最愛の母クララが47歳の若さで病没。
　母の遺体の横で泣き崩れるアドルフを見たブロッホ医師が、のちに、
「私も40年近く医者をやってきたが、
　これほど哀しみに打ちひしがれる人を見たことがない」
…と述懐するほど嘆き悲しんだアドルフでしたが、自分の画才を信じてくれた母のためにも「立派な画家になってみせる！」という意志はより強固なものとなっていきます。
　母の死により多少の遺産(＊05)が手に入ったので、今度はウィーンに下宿して本格的な浪人生活に入り、意を決して美大を再受験しましたが、またしても不合格！
──教授！　教授！
「ああ君は…ヒトラー君か。
　血相変えて何の用かね？」
──なぜです！？　どうして僕が不合格になるんです！？
　　納得できない！

(＊04) 以前、ヒトラーの絵がオークションに出され、世界中から画商が集まって競りが行われたことがありましたが、このときにインタビューに応じた画商のひとりが言っていました。
　「あの絵はうまいか、だって？　はは、絵はヘタクソなもんさ。ただ"ヒトラーが描いた"というプレミアだけあの高値が付いたにすぎないよ」

(＊05) 5000クローネ。現代の日本円に換算すると200万円ほど。

美大教授を摑まえて詰め寄るアドルフでしたが、教授はタメ息混じりに答えるのみでした。
「う〜む、なぜ…と言われてもな。
　はっきり言って、君の人物画はあまり褒められたものではない。
　建物の絵はまあまあだから、建築科なら合格するかもしれんぞ？」
── 私は建築家になどなりたくはない！
　　画家になりたいんだ！！
　こうして夢破れた(＊06)あと、まもなく親の遺産も食いつぶして浮浪者(ホームレス)にまで身をやつしていくアドルフ。
　やがて1913年、戦争の跫音(あしおと)がひたひたと近づく中、彼24歳のころ、オーストリア政府からアドルフの下に1通の手紙が舞い込みます。
　所謂「召集令状」でした。
── けっ！
　　ハプスブルク家なんかのために命を賭けて戦えるか！(＊07)

───────────────────────

（＊06）とはいえ、このウィーン造形美術大学に合格するのは、相当に才能ある人でもなかなか難しかったようです。ここを不合格になりながら、のちに有名な画家になった者も多く、超現実主義画家のM.シャガールも不合格になっています。

（＊07）彼は「ドイツ人の統一を阻む存在」として、ハプスブルク家を毛嫌いしていました。

彼はすぐさまオーストリアを出奔し(D-2/3)、南独のミュンヘン(C-1/2)に亡命、その洋服屋の2階に下宿して絵を描きつづけました。(＊08)

そんな折、1914年、彼はつぎつぎとニュースを受け取ります。
「ドイツ、ロシアに宣戦布告！」　　　　　　（8月1日）
「ドイツ、ルクセンブルクに侵攻開始！」　　（8月2日）
「ドイツ、フランスおよびベルギーに宣戦布告！」（8月3日）

彼はオーストリアのときとは打って変わって、ただちに志願兵に応募します。

彼が徴兵を嫌ってオーストリアから逃げてきたのは、「ハプスブルク家のために命を捧げる」のが嫌なだけで、祖国ドイツのためなら、いつでも歓んで命を捧げる覚悟があったためです。

── 我が命、祖国ドイツのために！

こうして彼は、西部戦線へ配属されることになります。

──────────────────────────

（＊08）もっとも、亡命先のミュンヘンで拘束され、結局徴兵検査を受けさせられています。結果、彼はそれまでの浮浪者生活のための栄養失調で不合格。最初から逃げる必要などなかったことになりますが、彼がここに亡命してきたことで歴史を変えることになります。

第3章 ヴァイマール共和国

第2幕

「世界でもっとも民主的な憲法」とともに
ヴァイマール共和国の成立

第一次世界大戦で敗れたドイツ。皇帝は亡命し、帝国は解体し、帝国憲法は無効となった。そこで新政府は新憲法を公布し、新生を図る。その新憲法は「世界でもっとも民主的な憲法」と謳（うた）われる先進的なものであったものの、同時に欠陥をも孕（はら）んでおり、それはやがて現実にヒトラーによって利用されていくことになる。

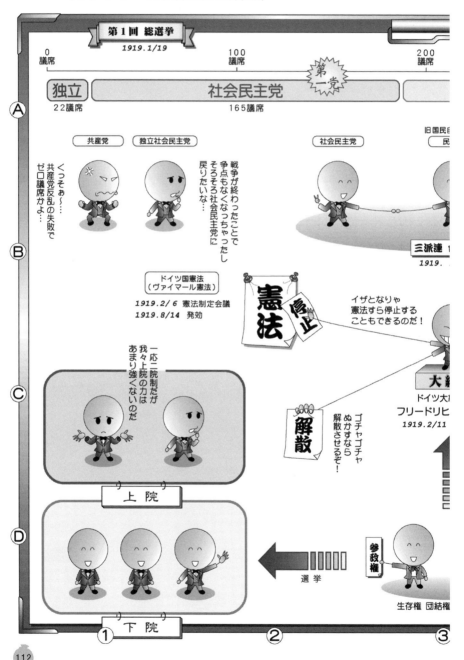

第２幕　ヴァイマール共和国の成立

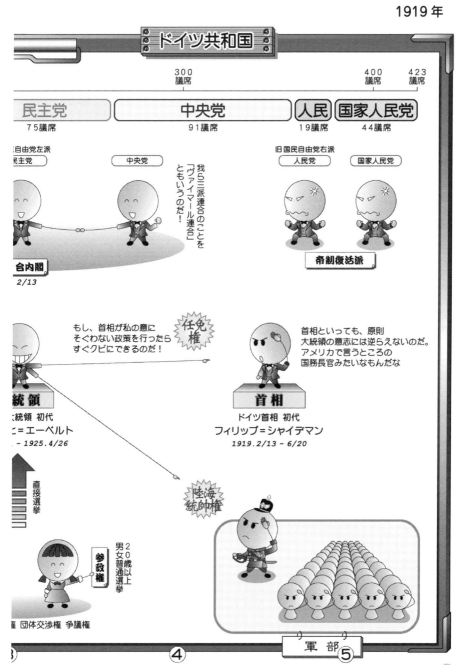

西部戦線に駆り出されたヒトラーは、伝令兵として活躍しました。
戦中のヒトラーの活躍として、「敵兵を15人も捕虜にした」などといわれることがありますが、これはマユツバです。

とはいえ、彼が「鉄十字勲章を2個も授与された」というのは本当のことですので、なかなか勇敢な兵であったことは確かでしょう。(＊01)

彼のおもな戦場はイープルの戦(＊02)で、

第1次イープルの戦は、彼の初陣となり、

第2次イープルの戦は、初めてドイツ軍によって毒ガスが使用され、

第3次イープルの戦は、その報復として連合軍も毒ガスを使用。

このとき使用された毒ガスは、うすい黄緑色をしていたために「マスタードガス」とも、イープルの戦で使用されて有名になったため「イペリット」ともいわ

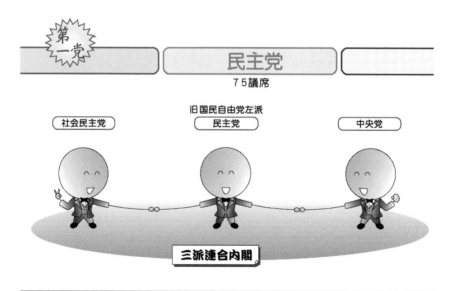

(＊01) しかしその割に出世が遅いのは、人間性に問題があったためともいわれています。
(＊02) 全部で「第5次」までありますが、第4次と第5次は数えないこともあります。
　　　第1次（1914年10月23日～11月13日）　第2次（1915年4月22日～5月3日）
　　　第3次（1917年6月31日～11月6日）　第4次（1918年4月9日～4月24日）
　　　第5次（1918年9月28日～10月2日）

れる塩素系の神経ガスで、ヒトラーも眼をやられて病院に担ぎ込まれています。

なんとか失明だけは免れたものの、彼はその病院の中で「敗戦」を知ることになりました。

ヒトラーは失意のドン底に突き落とされましたが、苦しい戦争が終わったことを喜ぶ人々も少なくなかったようです。

戦後、ドイツ帝国(ライヒ)は解体されて、共和国(レプブリーク)(＊03)(A-4)となり、「ドイツ国憲法」(B/C-1/2)、通称「ヴァイマール憲法」に基づく新体制へと移行します。

1919年1月、その憲法に基づいて実施された第1回総選挙(A-1)で、社会民主党が第一党(A-2)になったことは、前章で解説したイタリアにおける戦後初の総選挙に似ています。

そして、右翼が苦戦し、その名も「人民党」であるところまで戦後のイタリアとよく似た情勢でした。

しかし、ここから「王制のイタリア」と「共和制のドイツ」の違いがじわじわと表面化してくることになります。

イタリアの場合、国王が社会主義に嫌悪感を示したために、第一党になったにも関わらず政権を獲れませんでしたが、ドイツでは「帝国(カイザーライヒ)」が解体されていたためそういうこともなく、社会民主党が政権与党となります。

ただし、社会民主党は単独過半数を取れなかったため、民主党(A-3)・中央党(A-4)と「三派連合内閣」(B-3)を形成することになりました。

初代大統領は　F(フリードリヒ)．エーベルト。(C-3)

初代首相は　P(フィリップ)．H(ハインリヒ)．シャイデマン。(C-4/5)

当時、ヴァイマール憲法は「世界でもっとも民主的な憲法」などといわれていましたが、それとてあくまで「当時としては」であって、「絶対的に」という意味ではありません。

たとえば、20歳以上の男女平等の普通選挙(D-3)だったことは当時として

(＊03) 正式国号は「ドイツ国」。通称「ヴァイマール共和国」。

は世界的に見ても画期的だったと言えますが、その一方で、大統領は、

- 陸海空軍の統帥権（C/D-4）を持ち、
- 意にそぐわぬ議会に対する解散権（C-2）を持ち、
- 意にそぐわぬ首相に対する任免権（B/C-4）を持ち、
- いざとなれば、憲法すら停止する権限（*04）（B/C-2）まで持つ。

…というきわめて絶大なものでした。
　これではこのあいだ退位させたばかりの「皇帝（カイザー）」と変わらない強権力です。
　名前だけ「共和国（レプブリーク）」に変わっても実体は変わらず、もし「悪意」を持つ者が大統領になれば、たちまち独裁国家に生まれ変わり得る、たいへん殆（あや）うい憲法だったのです。
　そしてその懸念（けねん）は、のちにヒトラーによって現実のものとなるのでした。

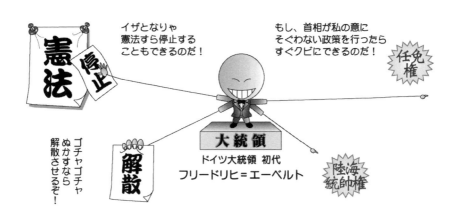

（＊04）これを「非常大権」とか「緊急権」と言います。

第3章 ワイマール共和国

第3幕

ミイラ取りがミイラに
ヒトラーの政治家転身

ヒトラーは、大戦後も軍部に残っていた。ある日、上官から呼びだされたヒトラーは「ドイツ労働者党」というミニ政党のスパイを命じられる。しかし、ミイラ取りがミイラに。このスパイ活動がきっかけとなってヒトラーはドイツ労働者党に入党、軍人から政治家へと転身することとなる。

DAP経済学者
フェーダー

DAP党首
ドレクスラー

ドイツ労働者党

〈ヒトラーの政治家転身〉

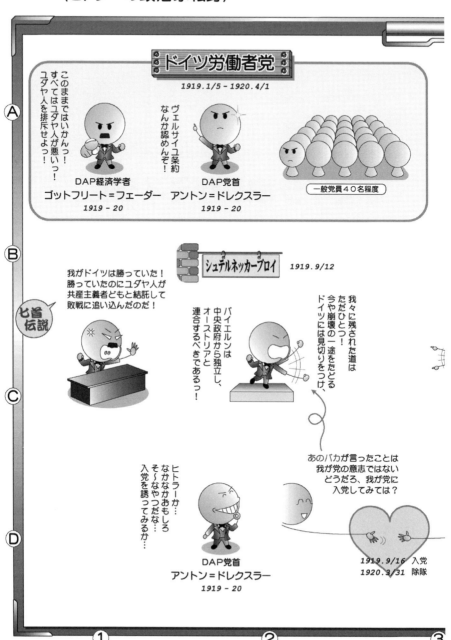

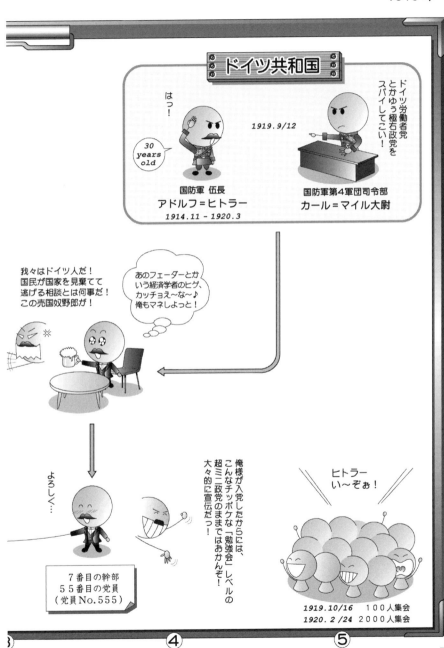

ドイツ敗北！
　このことを聞かされたヒトラーは、にわかには信じることができず、狼狽したといいます。
──そんなバカな！！
　　我が偉大なるドイツ帝国が敗れるはずがない！
　しかし、事実として敗れました。
　人というものは、「異常に高い誇り(プライド)」が「現実」を前にして否定されたとき、これを「妄想(もうそう)」で補おうとする精神的防衛反応が起こることがあります。
　「敗北」という認めがたい事実を前にして、ヒトラーがつぎの「妄想(もうそう)」に達するのにそう時間はかかりませんでした。
──すべてはユダヤ人の陰謀である！(＊01)
　ところで、ヒトラーは戦後、食べていくために軍に残っていました。
　階級は「伍長(Gefreiter)」。(＊02)
　このときすでにヒトラーも30歳。
　志願兵で5年も軍に在籍して、鉄十字勲章を二度ももらうほど前線で活躍しているにも関わらず、肩書がまだ「伍長(Gefreiter)」ということは、完全に出世から見放されているということです。
　その彼がやがてこの国の独裁者(フューラー)になるとは、このとき誰も夢にも思わなかったことでしょう。本人ですら。
　ところで、1919年9月12日。
　そんな状況にあったヒトラーは、直属の上司の国防軍第4軍団司令官カール＝マイル大尉に呼びつけられました。(A-5)

(＊01) 当時からすでに「匕首伝説」なるユダヤ陰謀論(B/C-1)が流布していましたから、ヒトラーはこの説に乗っかった可能性が高い。

(＊02) 一般的にはそう訳されているので、それに倣って、本文では「伍長」で話を進めていますが、厳密にはドイツ語の「Gefreiter」は「伍長」ではありません。
　　　このことについては、p.126のコラム「ヒトラーは伍長？」をご覧ください。

――ヒトラー伍長、入ります！
「うむ。君は"ドイツ 労働者 党"(A-2)なる存在を知っておるかね？」
　　　　　Deutsche Arbeiter Partei
　――いえ。
「うむ、そうだろうな。
　　党員40名程度の取るに足らぬ泡沫政党のひとつにすぎぬからな」
　　　　　　　　　　　　ほうまつ
　じつは、終戦直後からドイツでは、雨後の筍のようにわらわらと超ミニ政党
　　　　　　　　　　　　　　　　　　　たけのこ　　　　　　　　　　　　　　　D　A　P
が生まれては消え、消えてはまた生まれていましたが、「ドイツ労働者党」もそ
のうちの"名もない泡沫政党のひとつ"にすぎませんでした。
　　　　　　　　　ほうまつ
　党首はＡ．ドレクスラー(A-2)という何の才もない凡人。
　　　　アントン
　党顧問の経済学者に　Ｇ．フェーダー。(＊03)(A-1)
　こもん　　　　　　ゴットフリート
　カール＝マイル大尉が言葉をつづけます。
「気にするようなことはないとは思うが、
　　ただ、そいつらの主張内容がちと過激にすぎるんでな」
　――とおっしゃいますと？

(＊03) ちなみに、ヒトラーのトレードマークとなっているあのチョビヒゲは、フェーダーがして
　　　いたヒゲの形を真似たものです。(B-4)

「具体的に申せば、ヴェルサイユ体制は認めんだの、ユダヤ人を皆殺しにせよ
 だの、極めつけは、売国奴政府を叩き滅ぼせだの……。
 まぁ、どうせ口先だけだろうが、内容が内容だけに一応な、
 念のために君にはそこにスパイとして潜入してほしいのだ」
──かしこまりました。
 とはいえ、今回の指令(ミッション)はそれほどの難しいものでもありません。
 当時の政党は「そこらへんの居酒屋(ブロイ)でおおっぴらに政治演説をする」(＊04)と
いうことをしていましたから、目立たぬよう客を装って居酒屋(ブロイ)に入店し、その
演説に耳を傾け、報告書を書くだけの簡単な任務でした。(B/C-3/4)
 ヒトラーがシュテルネッカー居酒屋(ブロイ)(B-2)に着き、店内でビールジョッキを
傾けていると(B/C-3/4)、まもなく演説が始まりました。(B/C-2)
「我がバイエルン(＊05)に残された道はただひとつ！
 それは、今や崩壊の一途をたどるドイツに見切りをつけて、
 ヴァイマール政府から独立し、オーストリアと連合することである！」

（＊04）党の政治演説が酔っ払いがたむろする居酒屋で行われることに違和感を覚えたかもしれま
　　せんが、仕事帰りの労働者が集まるところですから、演説をするには適所でした。
　　ちなみに、フランス革命時のフランスも政治演説の場はもっぱら「カフェ」でした。

これを聞いていたヒトラーは、スッと立ちあがったかと思うと、
――寝言は寝てから言え！　我々はドイツ人だろう！？
　ドイツ人がドイツ国家から逃げ出して、その先に救いなどあるものか！
　今我々が為(な)すべきことは、ドイツから逃げ出すことではない！
　如何(いか)にしてドイツを救うべきかをドイツ民族が結束して考えることだ！
嗚呼(ああ)！
ヒトラー、いきなりの大失態(チョンボ)。
今回の彼の指令(ミッション)は「潜入(スパイ)」です。
どこの世界にこれほど目立つ行動を取るスパイがいる！？
これで思いっきり顔を覚えられてしまって、もうスパイ活動はできません。
こんな簡単な指令(ミッション)に失敗して、軍に戻ってマイル大尉にどうやって報告する？
　ところが。
　人間万事塞翁(さいおう)が馬、何がどう転ぶかわからないものです。

（＊05）このときヒトラーが住んでいたところはミュンヘン。南ドイツのバイエルン地方にあって、歴史的にドイツ中央政府に反発する勢力の強い土地柄でした。

このときたまたま事の顛末を見ていたドイツ労働者党の党首 Ａ．ドレクスラーがトボトボ帰るヒトラーを呼び止めます。(D-2)
「キミ！ キミ！ ちょっと待ってくれ！」
――私ですか？
「そうだ。キミ、名は何という？」
――ヒトラーと申しますが。
「さっきの演説はあの者の個人的意見であって、党の意志ではない。
　君の演説はなかなかよかったぞ。
　どうだ、我が党に入党して、祖国のために働いてみる気はないか？」
　このときのヒトラーは、政府の危険分子であるこの党の潜入に来ている"政府のイヌ"という立場です。
　入党なんてするわけが……と思いきや。
――よろしくお願いします。
　こうして彼は「ドイツ労働者党」に入党し、あっさりと軍を除隊してしまいます。(D-3)
　ヒトラーの政治家への転身は、思いもかけない形で、まさに突然やってきたのでした。

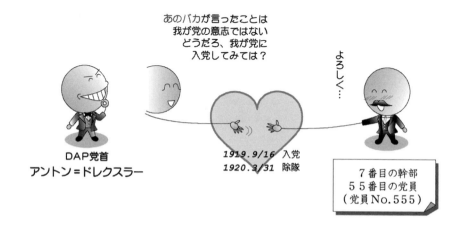

彼の党員番号は「No.555」。(D-3/4)
　最初の「5」はフェイクでしたから、実際には「55番目の党員」。
　幹部は彼をふくめて7人。(＊06)
　党の財産はわずかに7マルクと50ペニヒのみ。(＊07)
「超ミニ政党」というフレコミではあったけれど、いざ入党してみたら驚くほどの"貧乏所帯"。
　しかも。
―― 訊ねたいことがあるのだが？　　「なんなりと」
―― 我が党の党章は？　　　　　　　「そんなものはない」
―― では、党旗は？　　　　　　　　「それもない」
―― 党綱領(＊08)は？　　　　　　　「綱領というほどの大層なものもない」
―― 広報活動はどのように？　　　　「そんなことより今は組織の確立をだな…」
　ヒトラーは愕然とします。
―― それでいったいどうやって新しい支持者を獲得するのだ！？
　ヒトラーが住みなれた軍を離れ、心機一転、新天地として飛び込んだ党は、フタを開けてみれば、ただ「酔っ払い相手に日頃の鬱憤を言いたい放題ブチ撒けたらそれで満足」程度の、「政党」と自称することすらおこがましい"同好会（サークル）"の域を出ないものだったのです。
―― 俺はこんな"ままごと"をするために
　　軍を捨ててここに来たんじゃないぞ！？
　怒りに打ち震えるヒトラーは……。

―――――

(＊06) ヒトラー自身の言によるもので、それを証明するような史料は存在しません。
(＊07) ペニヒはマルクの補助通貨。1マルク＝100ペニヒ。
　　　 7マルク50ペニヒは、現在の円に換算すると1万5000円くらい。
(＊08) 綱領というのは、政党などの政治団体がその方針・主義・主張などをを箇条書きでまとめたものです。国家で喩えれば「憲法」のようなものです。

Column　ヒトラーは伍長?

　歴史上もっとも有名な伍長といえば、アドルフ＝ヒトラーでしょう。
　のちに彼がヒンデンブルク大統領から「ボヘミアの伍長」と蔑まれたことはあまりにも有名です。
　しかしながら、彼は伍長ではありません。
　彼の最終階級は「Gefreiter」。
　当時のドイツ陸軍で採用されていた「Gefreiter」はあまり一般的な階級ではなく、これを一般的な階級に当てはめようとすると「上等兵」と「伍長」の間に属するものでした。
　旧日本軍では、とくにすぐれた上等兵には「伍勤章」が与えられて、「正式な階級はあくまで上等兵だが、実質的には伍長扱いとする」という「伍長勤務上等兵」がありましたので、「Gefreiter」はこう訳されることになりました。
　ところが、この「伍長勤務上等兵」というのがそもそも耳なれず、一般の人にはよくわからない。
　そこで、「要するに実質的な伍長だろ?」ということで、後ろの部分が削られて「伍長」と言い習わされるようになったという説があります。
　また別の説では、もともと「Freiter」ではなく「Gefreiter」と正しく呼ばれていたのに、これを英訳するとき「Gefreiter」が英語圏にはない階級だったため、これを「Corparal」と拙訳され、それがそのまま日本語に直訳されて「伍長」と訳されるようになったともいわれ、他にもさまざまな説があり、じつのところよくわかっていません。
　「要するに、ヒトラーを"伍長"と訳すのは、是か非か?」
　…と問われれば、答えはこうなります。
　── 学問的に突きつめて考えれば、たしかに間違いかもしれないが、
　　　一般的にはそう呼んでも差し支えない。
　こうした「厳密には間違いだが一般的には間違いとも言えない」という曖昧な判断は歴史学上よくあることです。

第3章 ワイマール共和国

第4幕

鉤十字のもとに
国家社会主義ドイツ労働者党の結成

ドイツ労働者党に入党し、政治家へと転身を果たしたヒトラーだったが、「ごっこ遊び」に毛の生えた程度の幼稚な党運営に驚かされる。そこで彼は、党改革に乗り出し、党名も「国家社会主義ドイツ労働者党」と改める。しかし、党首ドレクスラーはヒトラーの活躍に徐々に嫉妬するようになり…

ハイルヒトラー！

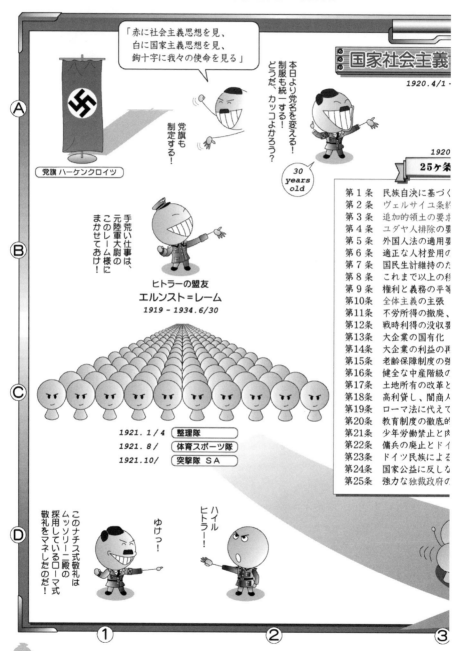

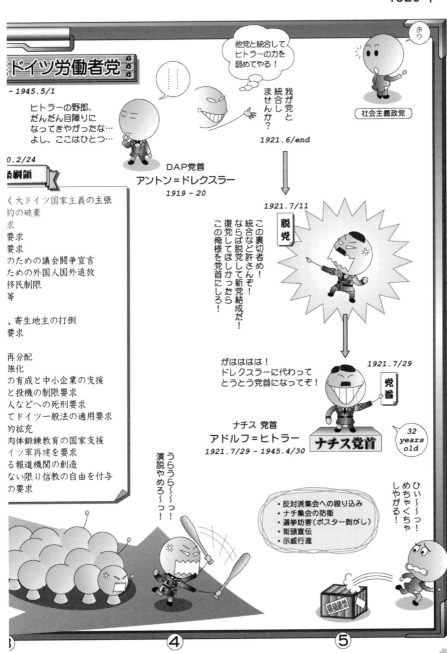

党の実態を目の当たりにしたヒトラーは、新参の身でありながら古参幹部たちに訴えます。

―― 支持者を獲得する活動をせずして、なんの政党か！

　この党の一番の問題は、民衆から無視されていることだ！

　たしかに、これまでは「党活動」といっても、ただ居酒屋で何も聞いちゃいない酔っぱらい相手(ブロイ)に一方的にしゃべっているだけ。

　ヒトラーの大号令の下(もと)、ありったけのカネを集めて新聞広告を打ち、ビラを撒き、最初に企画した政治集会で、いきなり100人もの聴衆を集めることに成功します。

　ここでヒトラーの演説(アジ)は大喝采！(＊01)

　勢いに乗って、つぎの集会では2000人を集めて大成功！

　この集会で多額の寄付金が集まっただけでなく、聴衆の中から、退役軍人のE．J．G．レーム(エルンスト ユリウス ギュンター)(大尉)やR．W．R．ヘス(ルドルフ ヴァルター リヒャルト)(少尉)など、のちのナチス中心人物がぞくぞくと入党してきました。

国家社会主義ドイツ労働者党

アドルフ＝ヒトラー

ヒトラーの野郎、
だんだん目障りに
なってきやがったな…
よし、ここはひとつ…

アントン＝ドレクスラー

（＊01）演説のうまい人というのは、総じて「思い込みの激しい人」です。
　　　ヒトラーはここにいたるまでの人生、「思い込みの激しさ（自分は絵の天才だと思い込む、など）」が災いして何かとカラ回りしてきましたが、ここにきてそれが「演説の才」という形となって花開くことになります。
　　　演説の巧みさなくして「ヒトラー」という存在はあり得ません。

第４幕　国家社会主義ドイツ労働者党の結成

　党勢の拡大に伴い、今までのような"ままごと"に毛の生えたような党運営では示しがつきません。
　本格的な「党本部」も設置しなければなりませんし、本格的な党の綱領も作らなければなりません。
　こうして定められた「25ヶ条綱領」(A/B-3)では、

　　第２条　ヴェルサイユ条約の破棄
　　第４条　ユダヤ人排除
　　第10条　全体主義の主張
　　第25条　強力な独裁政府の要求

…など、ナチズムの基本が結集した綱領となります。
　さらに党名も変えます。
── 国家　社会主義　ドイツ　労働者　党 ──（＊02）(A-3)
　　　National sozialistische Deutsche Arbeiter partei
もともとの党名（ＤＡＰ）に「国家社会主義」を冠し、略号は「ＮＳＤＡＰ」。
　　　　　　　　デーアーペー　　　　　　　　　　　　　　　　　　　　　　　エンエスデーアーペー

手荒い仕事は、元陸軍大尉のこのレーム様にまかせておけ！

ヒトラーの盟友
エルンスト＝レーム

党旗 ハーケンクロイツ

(＊02)「ナチ(ス)」という蔑称は、この最初の４文字「Nati」から来ています。
　　ただし、「Nati」で切ってしまうと発音が変化してしまうため、綴るときは「ナチ」の発音に合わせて「Nazi」と変化します。「Nazis」というのはその複数形です。
　　よく映画などでナチ党員自身が「我々ナチスは…！」と発言しているシーンを見かけますが、あくまで「蔑称」ですのであり得ません。

さらには党旗（＊03）（A-1）や党服も作ります。
「ハイルヒトラー!!」の掛け声とともに有名なナチス式敬礼（＊04）（D-1/2）も導入します。
　党の規模が大きくなれば、ナチス集会を妨害してくる者も現れます。
　殴り込みなど、そうした妨害からの防衛や、逆にこちらから反対派集会に殴り込みをかけたり、街頭宣伝や示威行進などを行う（D-5）ためにも、どうしても「実行部隊」の存在が必要になってきます。
　そこで、Ｅ．レームを隊長に据えた「整理隊」が組織されましたが、これがまもなく「突撃隊」として成長していきます。（C-1/2）
　こうして、ヒトラーが入党して１年と経たぬうちに「ＤＡＰ」はみるみる名も姿も規模も変え、見違えるばかりに人が集まり、金が集まり、組織化され、党は急速に活気づいていきました。
　しかし、これを憮然として眺める者がいます。
　それが党首ドレクスラーでした。（A-4）
　自分が作った党なのに、「ＤＡＰ」はあれよあれよという間に「ヒトラー党」へと変貌していくのがおもしろくない。

（＊03）党旗は「ハーケンクロイツ」と言い、「赤地に白丸の真ん中に黒の鉤十字」というデザインで、赤は「社会主義」、白は「国家主義」、鉤十字は「ナチの使命」を象徴しています。
　　　ちなみに、鉤十字は「卍（まんじ）」とは逆向きです。

（＊04）これは、当時ヒトラーが敬愛していたムッソリーニが導入した「ローマ式敬礼」をマネたものです。

第４幕　国家社会主義ドイツ労働者党の結成

すべては自分の頭を素通りしてヒトラーの下に人は集まり、動き、話が進んでいく。
「くそ！　あんなやつ、誘うんじゃなかった！」(＊05)
そもそもヒトラーはドレスラーの"鞘"に収まるような"剣"ではなかったのですが、それに気づいたときはあとの祭。
そこで彼は一計を案じます。
党内におけるヒトラーの影響力を弱めるため、内密に他党との共闘・統合の話を進めたのです。(＊06)（A-4/5）
しかし、それがヒトラーの耳に届かないわけがなく、それを知ったヒトラーの怒りが爆発。
── 貴様、いったいどういうつもりだ！？
「いや、その、これはだね、我が党の勢力をさらに強めようと思って…」
── ふん、吐かせ！
貴様の魂胆など見え透いておるわ！

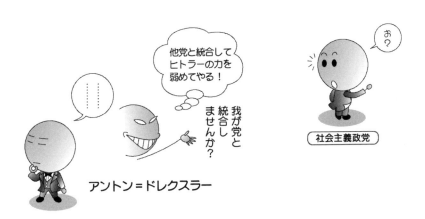

(＊05) 党勢をここまで伸ばしたのはひとえにヒトラーの力なのですから、ヒトラーに人が集まるのは当然のことで、それに嫉妬するのも理不尽な話ですが、物事を感情でしか考えることのできない「小人」にはそうした理屈は通じません。
(＊06) いつの時代でもどんな業界でも、無能な人というのは、正々堂々と勝負したのでは勝ち目がないので、裏工作をして人の足を引っぱることに精を出すものです。

――他党と統合して私の影響力を弱めようというのだろう。
　もうよい！
　もはや貴様の党など用済みだ！
　こんな党、今すぐ脱党し、新党を結成する！！
「ま、待ってくれ！
　今、君に抜けられたら、我が党はその日に崩壊してしまう！」
――私に脱党して欲しくなくば、私の条件を呑め。
「条件とは？」
――この私にＮＳＤＡＰ党首の地位と全権を譲ることだ。(B-4/5)
　ドレクスラーに選択の余地はありませんでした。(＊07)
　こうしてドレクスラーの墓穴もあって、ヒトラーは名実ともにＮＳＤＡＰ党首の地位に上り詰めたのでした。(C-5)

がはははは！
ドレクスラーに代わって
とうとう党首になったぞ！

ナチス 党首
アドルフ＝ヒトラー

（＊07）このように何かとヒトラーと対立していたドレクスラーは、その後結局は離党し、新党を設立しています。しかし、1933年ヒトラーが首相となり、党創設者として「血盟勲章」が贈られるとこれに感激。以後は、熱烈なヒトラー支持者となっています。
　こんな、たかが「記念メダル」ごときに吊られて、簡単に政治信念を曲げるところにも彼の"小粒さ"が表れています。

第3章 ヴァイマール共和国

第5幕

大山鳴動して鼠一匹

カップ一揆

ヴェルサイユ条約ではドイツ陸軍を10万人に制限するよう求めたが、そこからあぶれた旧帝国軍人たちは「フライコール」という隠れ蓑(みの)をつくって保身を図った。しかし、そのフライコールにすら解散命令が下る。追い詰められたフライコールは一揆(プッチ)を起こして反抗、一時は「帝制復活宣言」まで出される事態となる。

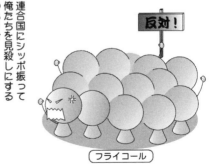

連合国にシッポ振って俺たちを見殺しにするつもりか！

反対！

フライコール

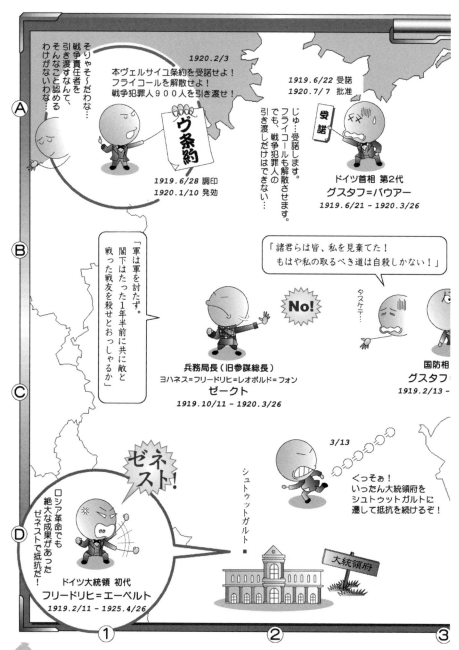

こうして、まさにヒトラーが党勢を拡大していたちょうどそのころ。ドイツでは政権を揺るがす大事件が起きていました。

　本幕では、そんな激動の1920年に起きた軍事反乱「カップ一揆（プッチ）」について見ていくことにします。

　すでに見てまいりましたように、1919年、ドイツはヴェルサイユ条約を突きつけられました。(A-1)

　しかし、時の首相 P（フィリップ）.シャイデマン(*01)はこの内容を知るや、怒りに震えます。

―― 講和条件はドイツへの死刑宣告である！(A-3/4)

　すでに見てまいりましたように、ヴェルサイユ条約というのは「講和」と呼べるような代物ではありませんでしたから、シャイデマンの胸中、推して知るべし。

　彼は断固として受諾を拒否し、首相の地位を辞任します。

　これを受けて第2代首相となったのが G（グスタフ）.バウアー。(A-2/3)

　彼がヴェルサイユ条約を受諾すると、連合軍はさらに畳（たた）みかけてきます。

「フライコール（Frei korps）を解散せよ！」(A-1)

　この「フライコール（Frei korps）」というのは、このころドイツに蔓延（はびこ）っていた非合法軍事組織のことです。(*02)

　ヴェルサイユ条約によって、正規軍は10万に抑えられていたのに、フライコールは40万もの規模でしたから、これは看過できないと、その解散を命じたわけです。

―― わかりました。フライコールは解散させます。

(*01) ヴァイマール共和国 初代首相。「本章 第2幕」にも登場しています。

(*02) ヴェルサイユ条約による大幅な軍備制限によって大量の退役軍人が発生したため、行き場を失った彼らがつくった軍事組織です。
　　　正規の「国防軍」に対して、ヴェルサイユ条約で認められていない非合法の国防軍ということで、「黒い国防軍」とも呼ばれていました。

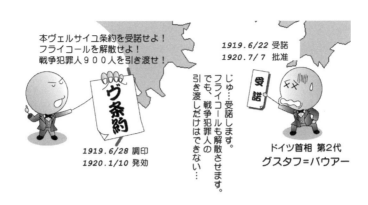

しかし、国家でも個人でもそうですが、何でも相手の言いなりになっていると、相手はどんどん増長するものです。

このときの連合国も、何でも言いなりのドイツ政府に対して増長し、さらにとんでもない要求を突きつけてきます。

「このリストにある"戦争犯罪人"900人を引き渡せ！」(A-1)

こんなもの、受け容れられるはずもない、ひどい要求です。

連合国がリストアップした「戦争犯罪人」と名指しされた900人は、戦中祖国(ドイツ)のために、文字通り命を賭けて戦ってくれた人たちです。

そんな愛国心にあふれた人たちを、我が身かわいさに敵に差し出す？

そんな恥知らずなことできるわけがありませんし、そもそもそんな要求をすること自体が"恥知らず"というものです。(*03)

(*03) 仮面ライダーとショッカーじゃあるまいし、戦争というものは「どちらかが正義の味方で、どちらかが悪の組織」とか、そういう単純な問題ではありません。にも関わらず、敗戦国の首脳や軍人に対して「戦争犯罪人」などというレッテルを貼り、さも「戦争責任がすべて敗戦国にある」ように演出し、これを「裁判」という名の下に裁こうとする。
こうした卑劣なイメージ戦略は、以降、白人列強の常套手段となります。

これには、さしものバウアー首相も断固拒否。

自分たちのしでかしていることの卑劣さに自覚があったのでしょう、連合国側もこの要求をあっさり取り下げています。

しかし、フライコールの解散は認めましたので、バウアー首相はG．ノスケ国防相（B/C-3）にそれを解散させるよう命じます。

解散命令を受けたエアハルト旅団（＊04）は激怒。（B/C-5）

団長のW．F．リュトヴィッツ中将（B/C-4）は、当時最右翼の政治家として名を馳せていたW．カップ（D-4）を祀りあげて、兵を挙げました。

これが所謂「カップ一揆」です。（B-4/5）

叛乱軍、首都に迫る！！

驚いたノスケ国防相は、ただちにJ．F．L．ゼークト兵務局長（＊05）（B/C-2）に鎮圧を命じましたが、返ってきた答えはつれないものでした。

「軍は軍を討たず！

閣下はたった1年半前まで共に敵と戦った戦友を殺せとおっしゃるか！？」

（＊04）フライコールのうちのひとつ。「旅団」というのは陸軍の編制単位。
　　　軍 ＞ 方面軍 ＞ 軍団 ＞ 師団 ＞ 旅団 ＞ 連隊 ＞ 大隊 ＞ 中隊 ＞ 小隊 ＞ 分隊

（＊05）ちょっと前まで「参謀総長」という名で呼ばれていた地位です。

明らかな軍命違反ですが、いまでこそ「国防軍」と「叛乱軍」に分かれているものの、ついこの間まで同じ「帝国軍」として"同じ釜のメシ"を食った仲なのですから、それも宜(むべ)なるかな。

ノスケ国防相は、天を仰ぎます。
――嗚呼(ああ)！ 諸君らは皆、私を見棄てた！
もはや私の取るべき道は自殺しかない！
軍が動かなければどうしようもありません。

首都ベルリン（B-3/4）はアッという間に叛徒に占拠され、政府首脳は南独のシュトゥットガルト（D-2）に大統領府を遷(うつ)し、ここから全国に総罷業(ゼネスト)を呼びかけて抵抗をつづけます。

一方、W(ヴォルフガング).カップ（D-4）は「ドイツ第二帝国」の復活を宣言（C/D-4）し、自らその「首相」の地位に就き、リュトヴィッツをその「国防相」に就かせて、一揆(プッチ)は成功したか……に見えました。

しかし。

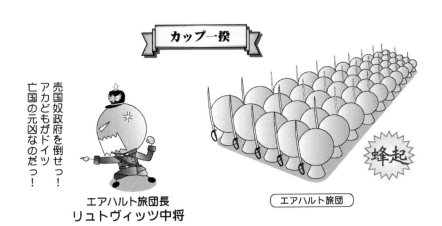

政府の呼びかけた総罷業(ゼネスト)が思いの外(ほか)効果を見せたうえ、何より、一揆(プッチ)が成功しかけた途端、一揆の首謀者リュトヴィッツ中将と、そのお飾りだったはずのカップの対立が表面化し、内部抗争が災いして、一揆(プッチ)はわずか5日間で失敗に終わります。(D-5)

カップはスウェーデンに、リュトヴィッツ中将はハンガリーにそれぞれ亡命。まさに「大山鳴動して鼠一匹」。

戦後、連合国の言いなりになっている政府に対し、国民の不満は募っていましたが、まだ機が熟していなかったといえるでしょう。

第3章 ヴァイマール共和国

第6幕

第二次世界大戦の火種
ドイツ賠償金の決定

ヴェルサイユ条約で保留となっていた賠償金額を定めるべく、ロンドン会議が開催された。ドイツ全権の出席が許されなかったその会議で定められた賠償総額は、なんと1320億金マルクという非常識な額。これを突きつけられたフェーレンバッハ内閣は総辞職、ドイツ政界は大混乱に陥った。その結果…。

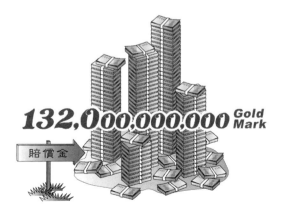

〈ドイツ賠償金の決定〉

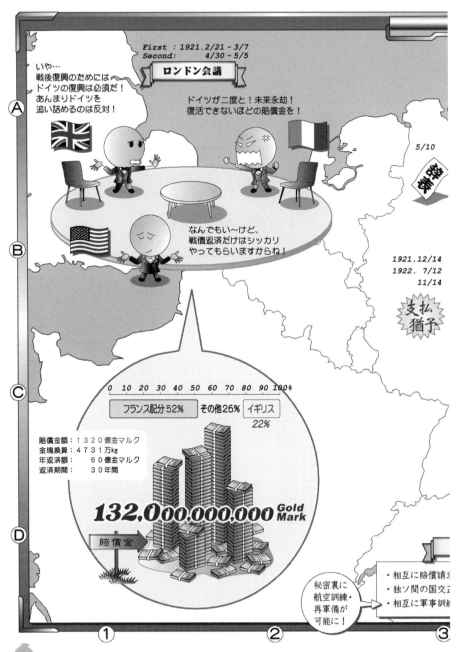

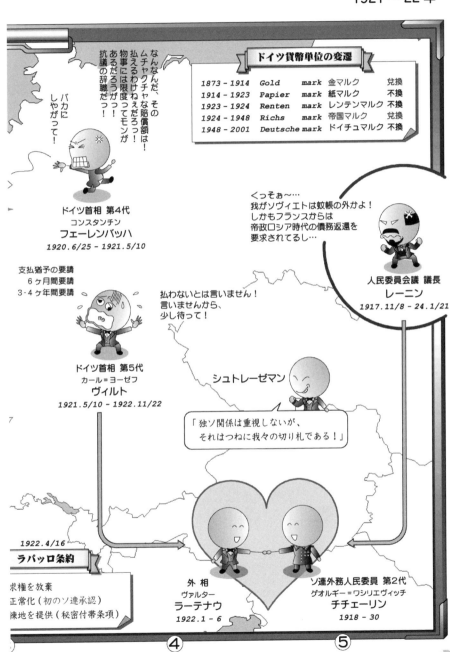

カップ一揆をなんとか鎮圧し、ホッと一息ついた翌年、1921年。
A．ヒトラーがナチスの党首に就いた年、1921年。

その年は、ドイツから見て海の向こう、ロンドンの地において、ドイツの命運を左右するような重大な会議が行われました。

それが「ロンドン会議」。(A-1/2)

じつは、さきのパリ講和会議では、ドイツに賠償金を支払わせることは決まっていましたが、その賠償総額については折り合いがつかず、棚上げにされていました。(＊01)

それを決めるための会議です。

そこで決まった賠償総額は「132,000,000,000 金マルク(＊02)」。(D-1/2)

もはや、一、十、百、千、万、十万、百万…と桁を数えないとすぐには読めないほどの天文学的な数字です。

ちなみに、当時の平均的賠償金額は50億金マルクほど。

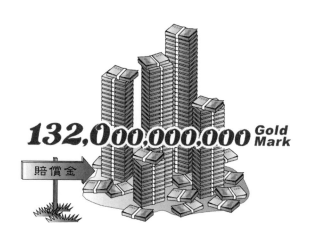

(＊01) ヴェルサイユ条約では、まだ賠償金額も決まっていない状態で「賠償総額についてはあとで決めるが、それがいくらになろうが支払え」と要求していたのです。
破廉恥きわまりない要求でしたが、ドイツはこんな条約にサインさせられたのでした。
これは悪意ある者に「白紙の小切手」を渡したようなものです。

(＊02) 金マルクについては、本幕コラム「金のマルクと紙のマルク」をご参照ください。

第6幕　ドイツ賠償金の決定

　今回は"大戦"でしたが、それを勘案しても120〜150億金マルクが相場。それが言うに事欠いて「1320億金マルク」とは。
　当時のドイツの国家予算がだいたい70〜80億金マルクでしたから、なんと、ドイツの国家予算の18年分です。
　これがどれほどインパクトがある数字かを譬えて申しますと、この150年ほど前、フランスは財政破綻を起こし、それが原因となってフランス革命が勃発、以後、収拾のつかない混乱が何十年もつづくことになりましたが、そのときのブルボン朝の借金が国家予算の約10年分でした。
　つまり、国家予算の10倍の借金があれば、いつ革命が起きてもおかしくないほどの破壊力のある数字であるにもかかわらず、今回ドイツに突きつけられた額が国家予算の18倍。
　非常識にもほどがあります。
　しかもそれを「毎年60億金マルクずつ支払え！」(C/D-1)というのです。
　ドイツの国家予算が70億金マルクしかないのに？
　そんなことは「まったく不可能」だということは年端もいかない子供が考えてもわかりそうなものです。

これほど非常識この上ない数字となった元凶はフランスです。
　フランスは初め自国1ヶ国だけで1110億金マルク(ゴルト)も要求してきたのです。
　フランスのあまりに横紙破りな要求に、同盟国のイギリスですら強く反発しています。(A-1)
「あまりにも高額すぎる！
　そんな莫大な賠償額、ドイツが支払えるわけはない(*03)し、
　あまりドイツを追い詰めすぎると、ドイツ人の恨(うら)みを買うだけで、"第二次世界大戦"の火種にもなりかねない！(*04)
　むしろドイツには一刻も早く経済復興してもらって、戦後の貿易を正常化させた方がお互いのためである！」
　しかしフランスも頑(がん)として引かず、結局、総額「1320億金マルク(ゴルト)(*05)」に落ち着きます。
　この数字を聞かされたドイツ首相 K(コンスタンチン). フェーレンバッハ(A/B-3/4)は怒り心頭。

ドイツ首相 第4代
フェーレンバッハ

ドイツ首相 第5代
ヴィルト

(*03) 当時イギリス政府は、ドイツの支払い能力を500億金マルクほどと見積もっていました。
(*04) 実際、イギリスの懸念通りになります。
(*05) 内訳はフランスが52％、イギリスが22％。その他すべての戦勝国が残りの26％を分け合うことになりました。(C-1/2) ちなみに、日本は0.75％。一見少ないように見えますが、母数が大きすぎるため、これでも10億金マルク(純金換算36ｔ)という大金です。

──なんなんだ、そのメチャクチャな数字は！？

　そんなもん、払えるわけねぇだろがっ！！

　こうしてフェーレンバッハ首相は怒りの総辞職。

　つぎの首相K．J．ヴィルトは言います。
　　　　　カール ヨーゼフ

──払わないとは申しません。

　しかしながら、戦後の経済混乱の中にあって、今はドイツ人が朝から晩まで必死に働いても食べていくのが精一杯。

　したがって、ほんの少しだけ支払いを猶予してもらいたい。（B/C-3）

ドイツとしても最大限の譲歩をしているにも関わらず、それすらフランスは認めません。

「猶予など認めない。

　今すぐ払え！　ただちに払え！　たちどころに払え！　耳を揃えて払え！」

もう道理も何も通じません。

　これほど理不尽なイジメを受けたドイツでしたが、同じく連合国側からイジメ抜かれていた国がありました。

　それがソ連です。（B-5）

　当時のソ連は1918年から始まった「対ソ干渉戦争」がかなり下火になってきていたものの、まだ尾を引いており、どこの国も国交を結んでくれず孤立化したまま戦っていました。

　イジメられっ子のドイツとイジメられっ子のソ連が接近するのは、自然の成り行き。

　翌1922年、両国は「ラパッロ条約」[*06]（D-3）を締結します。

　具体的内容は、つぎの通り。

（＊06）「ラパッロ条約」は1920年（本書「第2章 第3幕」にて既出）と1922年のものがありますが、歴史的意義では今回のものが圧倒的に大きい。

　ちなみに、ラパッロは北イタリアのジェノヴァ近郊の街で、かなりの割合で「ラッパロ」と表記してある書物が散見されますが「ラパッロ」の誤りです。

- 独ソ間の国交正常化　　　（初のソ連承認）
- 相互に賠償請求権を放棄
- 相互に軍事訓練地を提供　（秘密付帯条項）

　独ソの国交正常化は、「ソ連を承認した初めての国がドイツ」という歴史的意義もさることながら、独ソ両国にとってたいへんメリットのあるものでした。
　世界の中で孤立化していたソ連にとって、ヨーロッパの大国であるドイツを味方につけることは大きな外交成果でしたし、ドイツにとっても大きな外交上の切り札となりました。
　ドイツはソ連と国交を結ぶことによって、
「そんなに我が国をイジメるなら、いっそのこと、
　我が国もソ連のように社会主義国になっちゃおっかなぁ」
…という連合国側への無言の圧力になったからです。
　この翌年に外相となるG．シュトレーゼマンもこう言っています。
──我が国は独ソ関係は重視しないが、それはつねに我々の切り札である！
　要するに、「社会主義国家になるつもりなどさらさらないが、敵にそう思わせることで牽制となる」という意味です。

外相
ラーテナウ

ソ連外務人民委員
チチェーリン

第6幕　ドイツ賠償金の決定

シュトレーゼマン
「独ソ関係は重視しないが、
　それはつねに我々の切り札である！」

　さらに。
「軍事訓練地を提供」というのも見逃せません。
　ヴェルサイユ条約によってドイツ軍は、ほとんど武装解除に近い軍備制限を課せられていました。
　しかしこれにより、ソ連領内で軍事訓練ができることになり、"再軍備"の抜け道が用意されることになったのです。
　第二次世界大戦への階段を「一歩」踏み出したといってもよい出来事でした。
　フランスがあまりにドイツを追い詰めすぎたことで、イギリスが懸念したことがこれからジワジワと現実のものとなっていきます。

ラパッロ条約
・相互に賠償請求権を放棄
・独ソ間の国交正常化（初のソ連承認）
・相互に軍事訓練地を提供（秘密付帯条項）

Column 金のマルクと紙のマルク

　ドイツの賠償金額の貨幣単位は「金(ゴルト)マルク」です。

　マルクはドイツの貨幣単位として、その頭についている「金(ゴルト)」とはいったい何でしょうか？

　じつは、「マルク」といってもいろいろな種類があります。

　ドイツ第二帝国が天下を統一したのが1871年。

　その２年後に統一通貨として「マルク」が発行されました。

　このときのマルクは「１マルク＝純金358g(グラム)」と定められ、金兌換を保証していました。

　ところが、1914年第一次世界大戦の勃発という非常事態に伴い、この金兌換(だかん)が停止されます。

　このため、「マルク」といっても、兌換(だかん)停止前の「兌換(だかん)マルク」と停止後の「不換マルク」という２つの異なるマルクが生まれてしまうことになります。

　そこでこれを区別するために、兌換(だかん)マルクを「金(ゴルト)マルク」、不換マルクを「紙(パピエル)マルク」と呼ぶようになりました。

　戦後のドイツに流通していたマルクは「紙(パピエル)マルク」でしたが、これは不換ですから、たとえば連合国側が賠償総額を決定したあと、ドイツ政府が1320億マルク分の札束をただ造幣局で印刷して渡すだけで、支払い完了となってしまいます。

　そんな「紙切れ」を渡されても困りますから、金兌換(だかん)である「金(ゴルト)マルク仕立てで支払え」という意味です。

　つまり、「１金(ゴルト)マルク＝純金358g(グラム)」でしたから、「1320億×358g(グラム)（5000t(トン)弱）の純金と同価を払え」という意味です。

　有史以来、人類が採掘した金の総量が17万t(トン)といわれていますから、そこから見ても、この数字が如何に非常識な数字かがわかります。

　その後、紙(パピエル)マルク→レンテンマルク→帝国(ライヒス)マルク→ドイチュマルクと変化していき、ユーロへとつながっていきます。（A-5）

第3章 ヴァイマール共和国

第7幕
支払えないというならば
ルール出兵

あまりの高額な賠償総額に、ドイツのクーノ政権が「支払猶予」を申請すると、イギリスの説得もむなしく、フランスは問答無用で炭鉱地帯のルールに軍を動員するという暴挙に出る。ルール地方の労働者たちはこれに罷業・怠業を以て抵抗し、怒り心頭のクーノ政権もまたこれを支援し、事態は急速に悪化していった。

「ヴェルサイユ条約違反である！」

ドイツ首相 第6代
クーノ

前幕にてドイツは、総額1320億金マルク(ゴルト)、年に60億金マルク(ゴルト)という、非常識な賠償金を突きつけられたにも関わらず、それでも「払わん！」とは言わず、穏便(おんびん)に「少し待って」と支払猶予(ゆうよ)を要請したところまでお話しいたしました。

この要請の受諾の是非(ぜひ)について、話し合いの場が持たれることになります。

それがパリ会議です。(C-2)

当時のイギリスの首相　A(アンドリュー)．B．ロー(ボナー)(A-1)は、「認めてやろう」と提案します。

── ドイツは「払える能力があるのに支払いを渋っている」のではない。

「現実に支払い能力がない」のだから仕方がないではないか。

しかし、当時のフランスの首相R．ポアンカレー(レイモン)(D-3)は頑(がん)として首を縦に振りません。

「賠償問題はすべてに優先する！(C-2/3)

現金徴収が不可能だというのなら、我が国は占領と征服を選ぶだけだ！」

侃々諤々(かんかんがくがく)、ロー首相も根気強くポアンカレーを説得しましたが、もうまるで取り付く島がありません。

イギリス首相 第55代
ロー

フランス首相 第57代
ポアンカレー

イギリス前首相
ロイド＝ジョージ

ポアンカレーって、アホちゃう？

「ポアンカレーという男は、
政治のイロハもわからぬ無能か、
わざとヨーロッパを破綻させ
ようとしている悪意の権化か、
どちらかだ」

── なんなんだ、あのフランスの頑なな態度は!?
　ついに、ロー首相も堪忍袋の緒が切れ、途中で席を蹴って退場してしまったほどでした。(D-1)
「自分の要求を突きつけて、あとは一歩も退かない」
…というのは、そもそも " 外交 (ディプロマシー) " ではありません。
　自国の要求は要求として、ありとあらゆる条件・状況を鑑みながら、妥協できるところは妥協し、相手にも妥協させるように駆け引きし、着地点を探る。
　それが「外交(ディプロマシー)」(*01)というものです。
　事の次第を知ったイギリス前首相のL.ジョージ(ロイド)も言っています。
── あのポアンカレーという男は、政治のイロハもわからぬ無能か、
　　わざとヨーロッパを破綻させようとしている悪意の権化か、どちらかだ！
　こうして、イギリスの努力も虚しく、フランスを説得することはできず、ついにフランスは出兵を決意します。

（＊01）「外交」を意味する「diplomacy（英語）」「diplomatie（仏語）」という言葉には「駆け引き」という意味もあるくらいです。外交は駆け引きであり、駆け引きすること自体が外交です。ポアンカレーはそんな基本すら理解できない凡庸を絵に描いたような人物でした。こうした彼の政治的無能がヒトラーを醸成していくことになります。

当時のドイツにおける石炭採掘量の73％、鉄鋼生産量の83％を占めていたルール地方（A-4/5）を占領すべく。

　とはいえ。

　フランスが1ヶ国で出兵すれば、すべての国際非難を一身に浴びなければならなくなるのは火を見るより明らか。

　そこでフランスは「旅は道連れ」とばかり、ベルギー（B-3）を誘います。

　ベルギーもまた、第一次世界大戦ではドイツに痛い目に遭わされ[*02]、戦後の経済不況に苦しんでいましたから。

　こうして、パリ会議が閉会したわずか1週間後、フランスはベルギーとともにルールに出兵します。（B/C-3/4）

　これが所謂「ルール出兵」です。

　戦前のドイツにおいて、地下資源の豊かな土地は大きく4つありました。

　アルザス・ロレーヌ、ザール、ズデーテン、そしてルール地方です。

　フランスはすでにヴェルサイユ条約で、その3つまでを奪っておきながら、

（＊02）詳しい内容はここでは触れません。詳しくは、本シリーズ『世界史劇場 第一次世界大戦の衝撃』（ベレ出版）をご参照ください。

このうえ、ドイツ最後の"命綱"となっていたルール地方まで奪おうというのです。

　まさに、情け容赦なく敗者の血をすすり、肉を喰らい、骨までしゃぶるだけでもまだ気が済まず、ケツの毛までむしり取るような所業です。
　冷酷無比この上なし。
　イギリスを始め、その他の国々もただちに「非難声明」を発しますが、このときのフランスは、
「なぁに、ゴタゴタする前に一気に既成事実にしてしまえばよい！」
…とタカを括(くく)っていました。(＊03)
　驚いたのは、ルールで働く労働者(プロレタリア)たち。
「なんだ、なんだ！？
　いったい何がどうなってんだ！？」
── なんでもよ、今日からここはフランスの占領下に入ったんだとよ。
「なんでそんなことに？」
── ドイツ政府が賠償金を払わねぇってんで、差し押さえらしいぜ？
　　今日から俺たちが働いた収益は全部フランスが持っていくそうだ。
「なんだとぉ！？」
　戦後、ドイツ人労働者たちが朝から晩まで一生懸命額に汗して働いてきたのは、自分たちの汗の一滴一滴が、ドイツ復興の礎(いしずえ)になると思えばこそです。
　それが、今日からどんなに一生懸命働こうとも、その収益は全部、あの憎っくきフラ公の懐(ふところ)を温めるだけ、ということになります。
「けっ！！　やってられっかぁ！！」
「何が哀しうて、フラ公なんぞのためにせっせと働かにゃならん！」

(＊03)「不法だろうがなんだろうが、一気に占領してそれを既成事実とし、我が物にする」というやり口は歴史を紐解けば珍しくはありません。我が国日本もこのやり口で北方四島と竹島を不法占領され、既成事実化されてしまっています。

怒りのルール労働者たちは、一斉に罷業・怠業（ストライキ・サボタージュ）に入ります。
　労働者（プロレタリア）が働いてくれなくては、国際非難を喰らってまでルールを占領しても意味がありません。
　焦りを覚えたフランス政府は強行手段に出ます。
──罷業・怠業（ストライキ・サボタージュ）を行う者には給料を支給しないぞ！
　さらにその首謀者は投獄、場合によっては死刑に処す！
　ドイツ国民の怒り・怨みは頂点に達し、ドイツ政府 (クーノ首相) (D-5) もフランスに猛抗議します。
──こたびのフランスの所業はヴェルサイユ条約違反である！(D-4/5)
　こうして、フランスの理不尽・不条理で身勝手な行動が、フランス自身を国際的孤立に追い込み、ドイツ経済を破綻させ、それがヒトラーを育み、国際秩序をも悪化させることになるのです。

第4章　ナチスの抬頭

第1幕

「家1軒」が「マッチ1箱」に
ハイパーインフレーションの発生

フランス軍がルールを占領したことで、ドイツの重要な生産拠点であったルール地方が罷業（ストライキ）で操業ストップ。さらに彼ら労働者に対して、ドイツ政府が給与を保障したため、たちまち物価が狂乱しはじめる。たった1年間で物価は16億倍に跳ね上がり、国民生活は破綻（はたん）していった。こうした状況下でほくそ笑んでいた男こそ…。

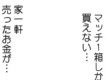

家一軒
売ったお金が…

マッチ1箱しか
買えない…

〈ハイパーインフレーションの発生〉

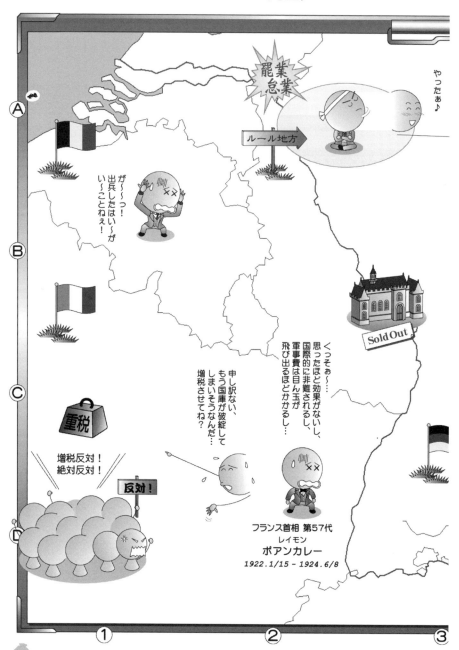

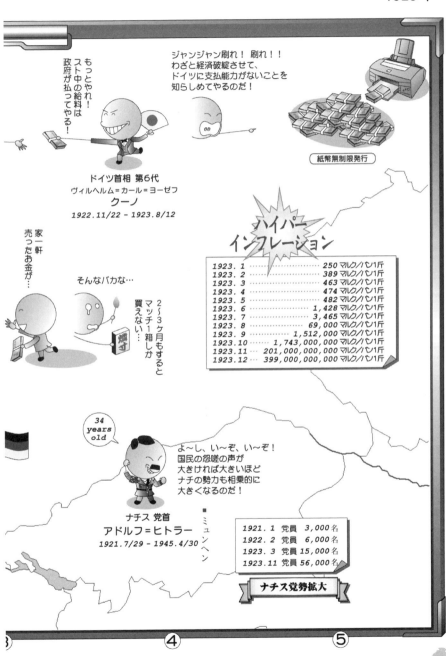

フランスによる不法占領、圧政弾圧に、ドイツ国民の怒り・怨みは頂点に達し、政府もルールの労働者を支援しはじめます。

「給料を止められても案ずることはない！
罷業(スト)中の君たちの給料は我がドイツ政府が支給する！」(A-3/4)
要するに、「このまま罷業(ストライキ)をつづけよ！」ということです。

しかし。

"ドイツ経済の心臓部"といってもよいルールの石炭・鉄鋼の生産が止まっただけでもドイツ経済にとって致命傷なのに、そのうえ「罷業(スト)で働かない労働者(プロレタリア)」にも政府が給料を支払いつづけるのです。

いったい、その「お金」はどこから湧いて出てくるのでしょう？

じつは、何の保証もなくただただ造幣(ぞうへい)局の輪転機を廻(まわ)しつづけているだけでした。(A-5)

しかし、そんなことをすればすさまじいインフレーション(＊01)が巻き起こることは明白。(B-5)

フランスがルール出兵を行ったのが1923年1月。

ドイツ首相 第6代
クーノ

（＊01）社会全体の物価が上がりつづける現象のこと。「紙幣」というものは、いわば社会全体の価値を"数値化"したものにすぎませんから、社会が価値を生んでいないのに紙幣だけを増産つづければ、紙幣の価値が下がり、それに伴い物価が上昇するのは当然です。

第1幕　ハイパーインフレーションの発生

そのころのパン1斤(きん)の値段が250紙(パピエル)マルク。

それが、あれよあれよ。

その年末には約400,000,000,000紙(パピエル)マルクにまで値段が跳ね上がります。

たった1年の物価上昇率が16億倍ですから尋常(じんじょう)ではありません。(B/C-5)

当時、こんなことが囁かれたほどです。

──その日の朝に家1軒を売ったお金で、
　　その日の夕(ゆうべ)にはマッチ1箱しか買えない。

さすがに「たった半日」でそこまでにはなりませんでしたが、2～3ヶ月もあれば、本当に「家1軒」が「マッチ1箱」分の価値に下がってしまうという狂乱ぶりです。(*02)(B/C-3)

もはや、国民生活が成り立ちません。

のたうちまわって苦しむドイツに対して、こたびの元凶・フランスはどうだったでしょうか。

ドイツへの苛斂誅求(かれんちゅうきゅう)を極めた取り立てによって潤(うるお)っていたのでしょうか。

(*02) ひどいときには分刻みで物価が上がっていきましたから、労働者は給料をもらったその瞬間から貨幣価値は下がりつづけ、すぐに紙クズになってしまうため、その足でパン屋に走ります。しかし、パン屋の前は大行列。行列を待っている間にもどんどん貨幣価値は下がりつづけるため、気が気でなかったことでしょう。

じつは、フランスもまたもがき苦しんでいました。

ルールを占領してみたものの、思わぬ（？）ドイツ人労働者（プロレタリア）の抵抗で、想定していたほど収入は上がらないし、世界中から非難を受けて国際的に孤立化するし、収入は上がらないのにルールの占領維持のための軍事費はかさむ一方で、国庫は破産寸前にまで追い詰められていたのでした。

ポアンカレー首相は、増税を訴えましたがフランス国民は激怒。(C/D-1)

「増税、絶対反対！！」

「いったい何のためにルールに出兵したのだ！？」

ポアンカレーの目先の利かない無能ぶりが露呈した瞬間でした。

こうして、「ルール出兵」は、ドイツはもちろんフランスまでものたうち回り、誰も得をしない結果となった……かに見えました。

しかし、ここにひとり、ほくそ笑む男が。

それがA（アドルフ）.ヒトラー。

この経済混乱の中で、国民の怨嗟（えんさ）の声は、ナチスにとって大きな追い風となったのです。

ナチスは1921年1月にはすでに党員3000名を数えていましたが、このルール出兵の1年間で激増し、1923年11月には党員が5万6000にまで膨れあがったのです。

ナチスは、まさにフランスによって育まれたのでした。

よ〜し、い〜ぞ、い〜ぞ！
国民の怨嗟の声が
大きければ大きいほど
ナチの勢力も相乗的に
大きくなるのだ！

ナチス 党首
アドルフ＝ヒトラー

ナチス党勢拡大	
1921. 1	党員 3,000名
1922. 2	党員 6,000名
1923. 3	党員 15,000名
1923.11	党員 56,000名

第4章 ナチスの抬頭

第2幕

革命への銃声
ミュンヘン一揆の発生

ドイツに起こった超インフレーション(ハイパー)は、国民生活を破綻(たん)させ、各地で暴動やデモが頻発(ひんぱつ)、エーベルト大統領は「非常事態宣言」を発し、全国を軍政下に置かざるを得ないほどになる。そうした社会の紊乱(びんらん)の結果となり、ナチスを勢いづける結果となり、ついにヒトラーは一気に政権を奪取するべく、ミュンヘン一揆(プッチ)を起こした。

民顕一揆

おきゅ～ん！

ナチス 党首
アドルフ＝ヒトラー

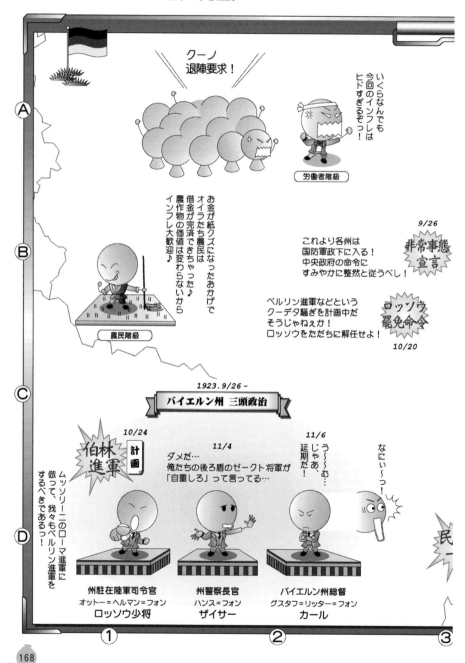

第2幕 ミュンヘン一揆の発生

1923年

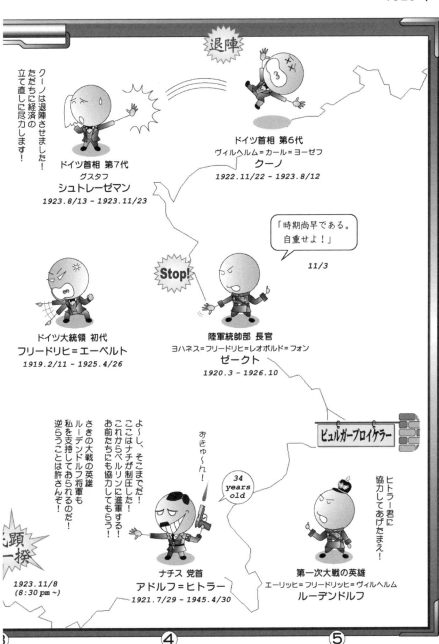

こうして、1923年いっぱいをかけてドイツ全土を超インフレーションが猛威を揮い、労働者らは怨嗟の声を上げ(＊01)、その怒りは「クーノ内閣退陣要求暴動」(A-2)へと発展、社会は紊乱の一途をたどります。
　その結果、8月になってついにクーノ政権は崩壊。(A-4/5)
　この混乱を収拾する期待を一身に背負ってG.シュトレーゼマン(A-3/4)が新首相となります。
　翌9月には「非常事態宣言」が発せられ(B-3)、彼が事態収拾に当たります。
　こうした政府の混乱を受けて、ナチスが党勢を拡大したことはすでに触れましたが、ヒトラーはこのまま余勢を駆って一気にヴァイマール中央政府を倒すことまで考えはじめます。
　ところで。
　そのナチスの拠点ミュンヘンはバイエルン州(＊02)の州都ですが、このころのバイエルン州政府は中央から大幅な自治が認められ、以下の3名による「三頭政治」が布かれていました。(C-1/2)

(＊01) 市民にとっては地獄だったこの超インフレも、農民(B-1)にとってはむしろ追い風となりました。貨幣価値がなくなってしまったことで、農民らが抱えていた借金は事実上チャラとなり、相対的に農産物が重要な価値を持つ社会となったからです。

(＊02) 本幕パネルの地図でいえば、(C/D-3/4)あたりです。

- 州総督　　　　　のG．R．カール（グスタフ リッター）（D-2/3）
- 州警察長官　　のH．ザイサー（ハンス）（D-1/2）
- 州駐在陸軍司令官のO．H．ロッソウ（オットー ヘルマン）（D-1）

そしてこの3人は、このときの中央（ヴァイマール）政府の混乱に乗じて、バイエルン州を中央から独立させ、バイエルン王家（＊03）による「王国」を復活させたいと画策しはじめます。（＊04）

つまり、同じミュンヘンに拠点を置くバイエルン州政府とナチスは、「中央政府は敵」という点において一致していたため共闘することもありましたが、ナチスがあくまでも「中央政府を倒し新政府を樹立する！」ことまで考えていたのに対して、州政府はただ「バイエルンが中央から独立できさえすればよい」と、思想的に大きな隔たりがありました。

いわば、ナチス・州政府・中央政府の"三すくみ"状態です。

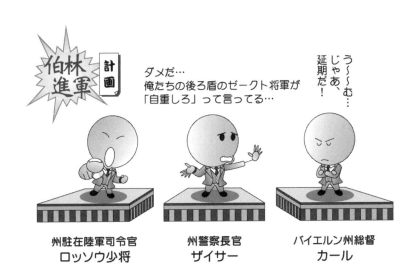

（＊03）神聖ローマ皇帝も輩出したことのある名門ヴィッテルスバッハ家。

（＊04）一口に「ドイツ」といっても、北ドイツと南ドイツでは歴史・文化・宗教（北：ルター派／南：カトリック）などが大きく異なっていたため、北ドイツ出身のプロシアに"併合"され「ドイツ帝国の一部」となってしまったことに不満を抱く南ドイツ住民は多く、南ドイツの中でもとくにバイエルンはスキさえあれば独立を狙っていました。

ところで、州政府は「バイエルン独立」の方策として、この前の年に成功していたムッソリーニの「ローマ進軍」をマネて、「ベルリン進軍」(C/D-1)を計画していたのですが、その情報が漏れ、大統領エーベルト(B/C-3/4)の知るところとなってしまいます。

　険悪化する中央政府と州政府の対立の中、エーベルト大統領は命令を下しました。

「ロッソウ少将を罷免せよ！」(B/C-3)

　ところが、カールはこれを拒否。(＊05)

　これにより、いよいよ州政府の謀反の意志は明確となり、中央では、バイエルンに対し国防軍10万の動員すら検討されはじめます。

──我々の謀反の意志は中央の知れるところとなってしまった！

　このまま一気にベルリン進軍をやるか！？

　ヒトラーからも決断をせっつかれていることだし。(＊06)

ドイツ大統領　初代
フリードリヒ＝エーベルト

陸軍統帥部　長官
ゼークト

(＊05) 正確な表現をすれば「拒否」ではなく、「国防軍第七軍司令官の地位を罷免されたロッソウに対し、カールはただちに彼をバイエルン国軍司令官に任じた」ということになりますが、中央政府の意図を無効化した、という意味で「拒否」と表現しています。

(＊06) このころのヒトラーは急速に膨れあがった党員の給与のため資金難にあえいでおり、一刻も早くなんらかの「行動」に出る必要に迫られていました。

「いやいや待て待て！
　我々だけで勝手に行動に出るわけにはいかぬ。
　ゼークト将軍（B-4/5）にお伺いを立てねば！」

　じつは、カールたち州政府が中央政府に対してこれほど強気に出ることができたのも、中央軍部の上級将軍　J．F．L．ゼークト^{ヨハネス　フリードリヒ　レオポルト}(＊07) が後ろ盾となっていたからで、今回の「ベルリン進軍」成功の可否も彼次第でした。

　そこで州警察長官ザイサーは、ただちにゼークト将軍にお伺いを立てにベルリンに向かいましたが、彼は首を縦に振ってくれません。

──時期尚早である。

　　自重せよ。

　これに絶望感を覚えるカールたち。

「ダメだ！
　ゼークト将軍は動かぬ！
　彼の後ろ盾がなければ、ベルリン進軍の成功は見込めん！
　これは延期するしかないか！？」

　こうして、ビュルガーブロイケラー（C-5）というビアホール居酒屋でバイエルンの名士たちを一堂に集め、その善後策を練っていたところに、突如として銃声が轟きました。

　ズキューーーン！

　全員が振り向くと、そこにはまだ硝煙が立ちのぼる銃を天井に向け、突撃隊^{SA}を背にしたヒトラーが立っていました。

──よ〜し、全員動くな！

(＊07) このころ（1923年）のドイツの経済混乱に乗じて、軍部独裁を狙っていた人物です。
　　　ゼークト将軍は、混乱するドイツ経済の中で、各方面から彼による軍事独裁を期待され、またそれを要求されていました。彼自身もそのためにカールやヒトラーと通じるなど、その準備を進めていましたが、どうしてもクーデタを起こす決断がつかず、ついにこれが実行に移されることはありませんでした。

刻_{とき}、1923年11月8日午後8時30分。
　こうして、ヒトラーの第一声とともに「ミュンヘン一揆_{プッチ}」(D-3)が始まりました。
　狼狼_{ろうばい}する一同にヒトラーがたたみかけます。
──今、国家主義 革命_{ナチオナール レヴォルツィオーン}が始まったのだ！
　ここは完全に包囲されている！
　私の命令に従わない者はただちに射殺する！
　このとき、ヒトラー34歳。^(＊08)
　万が一にもこれに失敗すれば、ヒトラーもナチスもおしまいです。
　まさに一世一代の大勝負、失敗は許されません。

ナチス 党首
アドルフ＝ヒトラー

(＊08) ムッソリーニが「ローマ進軍」を起こしたときが39歳。それでも歴代イタリア首相の中では一番若かったのですが、ヒトラーはそれよりさらに若い歳でした。

第4章 ナチスの抬頭

第3幕

覚悟のデモ行進
ミュンヘン一揆の失敗

一時、ミュンヘン一揆(プッチ)は成功したかに見えた。しかし、ルーデンドルフ将軍による信じられない失態により、一気に失敗へ傾いてしまう。追い詰められたヒトラーは、もはや最後の手段、市民の支持を一縷(いちる)の望みとして、ミュンヘン中央に向かってデモ行進に打って出る。しかし、その結末は…。

「反乱を認めず！
銃を突きつけられての
強要は無効である！」

カール
ラジオ放送

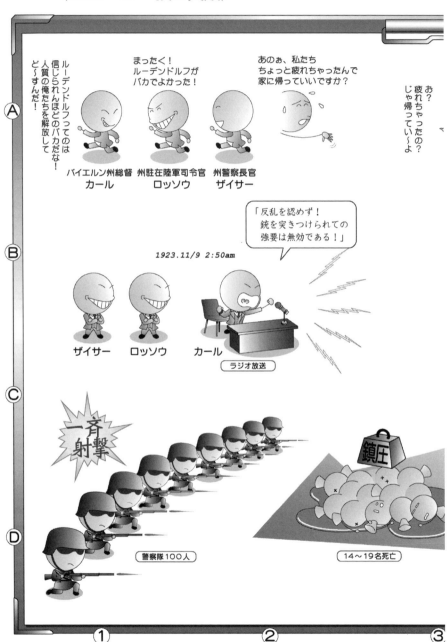

第3幕　ミュンヘン一揆の失敗

1923年

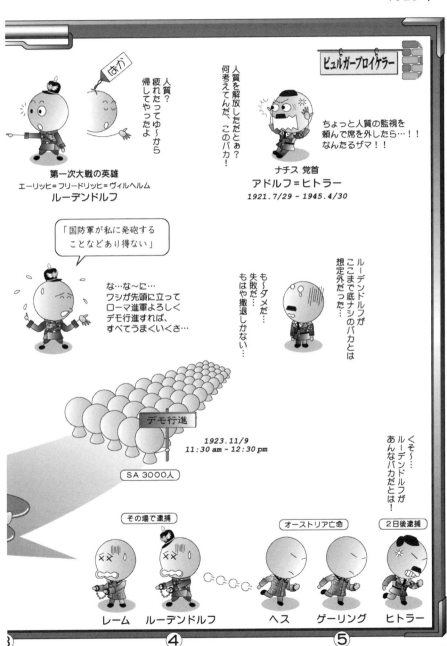

ミュンヘン一揆(ブッチ)を起こしたヒトラーがカールたちに突きつけた要求は、彼らが中止しようとしていた「ベルリン進軍」をただちに実行することです。

　カール・ロッソウ・ザイサーら３人だけを別室に連れ込み、ナチスへの協力を説得しましたが、彼らは首を縦に振ってくれません。(＊01)

　銃で脅しながらの"説得"でしたが、従ってくれないからといって彼らを殺すわけにもいかず、かといって、このままモタモタしているわけにもいきません。

　政変(クーデタ)というものは時間との戦いです。

　相手に反撃の余裕を与える前に一気にカタをつけなければなりません。

　１分無為に過ぎれば、それだけ政変(クーデタ)の成功率は見る間に落ちていきます。

──まずいな。

　やはり、そう思い通りに事は運んでくれぬか。

　このまま時間をムダに使うわけにはいかん。

　仕方がない、"切り札"を切るとするか。

　こんなこともあろうかと、ヒトラーは手を打ってありました。

　一揆(ブッチ)を起こす前にあらかじめ"第一次世界大戦の英雄"として隠然(いんぜん)たる発言権を有していたE．F．W．ルーデンドルフ(＊02)(A-3)を説得し、今回の一揆(ブッチ)の協力者に仕立て上げていたのです。
エーリヒ　フリードリヒ　ヴィルヘルム

　すでに齢(よわい)58歳の退役軍人とはいえ、さすがに"第一次世界大戦の英雄"たる権威はいまだ健在で、彼の登場で、場の空気は一変します。

──カール、ロッソウ、ザイサー。

　ヒトラー君の計画に協力してやってくれたまえ。

(＊01)「ベルリン進軍」を実行したいのはカールたちも同じでしたが、それとて「ゼークト将軍の後ろ盾の下、自分たちが指導するベルリン進軍」であって、「ヒトラーが指導するベルリン進軍」ではありませんでしたから。
　　　カールたちはヒトラーをたいへん見下していましたから、ヒトラーの軍門にくだることはプライドが許さなかったのでしょう。

まさに"鶴の一声"。
ルーデンドルフの言葉に、カールたちは屈服します。
「ははっ！
他ならぬ閣下のお言葉とあらば！」
これで大きなヤマを越えてミュンヘン一揆は成功したか…に思えました。
しかし、物事、最後の最後まで気を抜いてはいけません。
とくに、失敗が許されない重大事においては。
この直後、前線でゴタゴタが起こっているとの報告がヒトラーの耳に入り、事態収拾のため、彼が出向かねばならなくなります。
── 閣下。
　私は少し席を離れなければなりませんが……。
口先だけでは従ったフリをしているカールたちですが、その眼にはいまだ「反抗の光」は消えていなかったため、今、ここを離れることに一抹の不安を感じるヒトラー。
「うむ、だいじょうぶだ。
　ここは私に任せて、ヒトラー君は行ってきたまえ」

第一次大戦の英雄
ルーデンドルフ

───────────

（＊02）第一次世界大戦で活躍した将軍。大戦末期、ドイツをドロ沼戦争に導いた張本人。
　　　　詳しくは、『世界史劇場 第一次世界大戦の衝撃』（ベレ出版）をご参照ください。

危機感の感じられないルーデンドルフの言葉に、ヒトラーは後ろ髪を引かれる想いながらも、前線に向かいます。
　事態を収拾させ、足早に戻ってきたヒトラーは愕然(がくぜん)！！
——か、か、閣下！！
　　人質は！？
　　カールたち、人質はどこにいるのですか！？（A-5）
　監禁部屋にカールたちがいなかったのです。
「ああ、彼らか。
　彼らなら"疲れた"というのでいったん帰してやったよ」（A-3/4）
　な、なんという！！
　大切な人質を！
　野に放てば何をしでかすかわかったものではないカールたちを！
　この重要局面で、言うに事欠いて「"疲れた"というから帰してやった」！？
　あまりのことに茫然自失(ぼうぜん)するヒトラー（B/C-5）を前にしても、ルーデンドルフは自分のしでかした大失態を自覚できず、ムッとしたように言い放ちます。
「案ずることはない！
　ドイツ軍将校は誓いを破らない！」
　このルーデンドルフという人物は、たしかに軍人としてはすぐれた実績を残

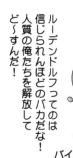
ルーデンドルフってのは信じられんほどのバカだな！
人質の俺たちを解放してど〜すんだ！

バイエルン州総督
カール

まったく！
ルーデンドルフがバカでよかった！

州駐在陸軍司令官
ロッソウ

州警察長官
ザイサー

あのぉ、私たちちょっと疲れちゃったんで家に帰っていいですか？

しましたが、それ以外のことに関しては哀しいまでに無能でした。
　ミュンヘン一揆の失敗原因 —— それは、ルーデンドルフがこれほどまでに底なしのバカだとヒトラーが見抜けなかったこと。
　案の定、逃げ出した3人（A-1/2）は、ただちに行動に移りました。
　州軍司令官のロッソウは、バイエルン国軍を動員し、
　州警察長官のザイサーは、バイエルン警察を動かし、
　州総督のカールは、ラジオから政変の鎮圧を呼びかける。(B-2)
　こうして、アッという間に情勢は悪化していきました。
「総統！　どうしますか！？」
—— 事ここに至らば、明朝、街頭デモを行い、市民・軍部・官僚に我々の志を
　　アピールすることで、支持を集めるより他ない！
「すでに軍や警察が我々を鎮圧するべく動いている今、
　そんなことをしても集中砲火を受けるだけでは……」
—— だいじょうぶだ！
　　ここにルーデンドルフ閣下がおられる！
　　軍も警察も、ほとんどは第一次世界大戦の元兵士だ、
　　ルーデンドルフに向かって引き金が引けるはずがない！
　この「引けるはずがない」というのは、ヒトラーの「確信」というよりは「一

第一次大戦の英雄
ルーデンドルフ

ナチス　党首
アドルフ＝ヒトラー

縷の望み」だったことでしょう。

しかし、もはやヒトラーには、好むと好まざるとに関わらず、これしか手がなかったのです。

そして、こたびの事態を招いたルーデンドルフにもデモの先頭に立ってもらって、その責任を取ってもらいたいという心理も働いていたことでしょう。

さしものルーデンドルフも、ようやく自分のしでかした失態の深刻さに気づいたようで、

「軍が私に発砲することなどあり得ぬ！」（B-3/4）

…と虚勢を張りつつも、デモの先頭に立つことを拒否しませんでした。

翌朝11時30分。

突撃隊(SA)3000人が中心となったデモ隊が居酒屋(ビュルガーブロイケラー)を出発（C-4）、1時間後にはミュンヘンの中心部（＊03）に着くと、そこには警察隊100人が待ち構えていました。（C/D-1/2）

銃を構える警察隊。

それでも行進を止めないナチス。

――だいじょうぶ、撃てない、撃てるはずがない。

こっちにはルーデンドルフ閣下がおられるのだ。

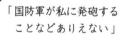
「国防軍が私に発砲することなどありえない」

な…な〜に…
ワシが先頭に立って
ローマ進軍よろしく
デモ行進すれば、
すべてうまくいくさ…

も〜ダメだ…
失敗だ…
もはや撤退しかない…

ルーデンドルフがここまで底ナシのバカとは想定外だった…

（＊03）オデオン広場。

ヒトラーも神にも祈る気持ちだったにちがいありません。

しかし。

「撃てーーーっ！」
フォイア

願いむなしく、斉射！

突撃隊から十数人の犠牲を出し、（D-2/3）
S A

レーム、ルーデンドルフはその場で逮捕。（D-4）

ゲーリングとヘスはオーストリアに亡命したあと逮捕。

ヒトラーはしばらく逃げ回ったあと、2日後に逮捕。（D-5）

ナチスは解散させられ、ヒトラー旋風もここで潰えた……と、誰しもが思いました。

しかし、歴史上に名を残す人物というのは、不思議なほど、絶体絶命の窮地を乗り越えたそのあとに絶頂期がやってくるものです。

そしてヒトラーもまた、その例外ではなかったのでした。

Column　ビュルガーブロイケラー

　本幕でミュンヘン一揆(プッチ)の舞台となった「ビュルガーブロイケラー」。
　ヒトラーはその後、ナチス再結成集会（1925年2月27日）もここで行いましたし、以後、毎年11月8日にはかならずここで「一揆(プッチ)記念演説」を行うことが慣例となります。
　しかし、独裁者が"決まった行動"を取ることは、暗殺者に計画を立てやすい条件を与えることになってしまうため、通常独裁者は「スケジュール通りの行動」を取りたがらないものです。
　にもかかわらず、ヒトラーは毎年同じ日この場所で演説をしたのですから、よほどこの事件、この場所に思い入れが強かったのでしょう。
　そして、1939年11月8日。
　第二次世界大戦が勃発（9月1日）した直後だというのに、中止されることなく、例年通り、ここで「一揆(プッチ)記念演説」が開催されます。
　ヒトラーは予定通り午前8時に入店し、まもなく演説が始まりました。例年9時20分ごろに演説は絶頂(クライマックス)を迎え、30分ごろに終わるのですが、まさにその9時20分。
　突然、ヒトラーの立つ演壇を中心に爆弾が爆発！！
　じつは、J．G．エルザー(ヨハン ゲオルク)という大工が、この瞬間(タイミング)を狙ってあらかじめ時限爆弾を仕掛けておいたのです。
　建物自体が甚大な損傷を受けるほどの爆発で、死者8名、重軽傷者63名を出す大惨事。
　ヒトラーは！？
　じつはこの日に限って、彼はどうしてもベルリンに戻らざるを得なくなり、急遽(きょ)、演説時間を予定より早く切り上げ、爆発の8分ほど前に店を出ていたため、まったくの無傷でした。
　ヒトラーとは恐ろしいほど強運な人物です。
　もしこのとき暗殺が成功していたら……おそらくはただちに講和へと向かい、"第二次世界大戦"とはならなかったでしょう。

第4章 ナチスの抬頭

第4幕

「私は有罪である」
ヒトラーの裁判と収監

ヴァイマール憲法において、反逆罪は終身刑である。「これでヒトラーは終わった」と誰もが見ていた。しかし、裁判所はさながらヒトラーの政治演説会場と化し、たちまち傍聴人、裁判官はおろか、新聞で裁判模様を読んだ一般市民たちまでもがヒトラーを支持しはじめる。ヒトラーの飛躍はここから始まった。

「私は有罪です」

〈ヒトラーの裁判と収監〉

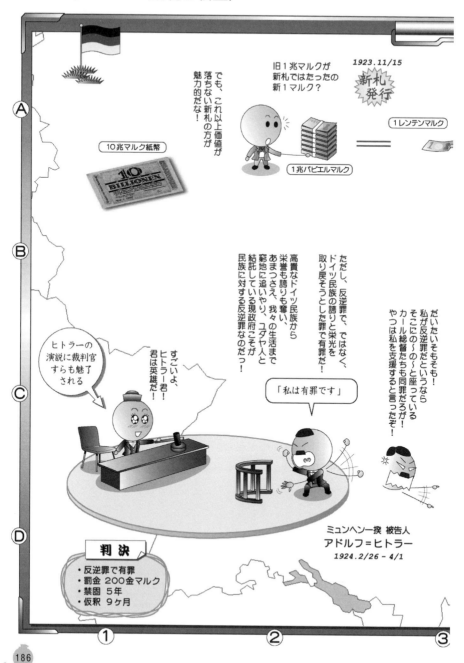

第４幕　ヒトラーの裁判と収監

1924年

ミュンヘン一揆(プッチ)に失敗、逮捕されたヒトラー。

彼は「国家反逆罪」で裁判にかけられることになります。

国家反逆罪は、どこの国でもたいてい「死刑」の重罪です。

「世界でもっとも民主的」と謳(うた)われていたヴァイマール憲法下では、国家反逆罪ですら最高でも「終身刑」でしたが、重罪であることには変わりありません。

ナチスは解散させられ、誰しもが「ヒトラーは終わった」と思いました。

しかし。

裁判の被告席に立ったヒトラーは、むしろこの状況に高揚していました。

政変(クーデタ)騒ぎが起こったということで、傍聴人席には全国からたくさんのマスコミが駆けつけていたのです。

── この裁判は全ドイツに注目されている!

これはナチスを宣伝する絶好のチャンスだ!

裁判の場では、ヒトラー最大の武器「舌先三寸」を活かすことができます。

「被告人。申し開きがあれば言いなさい」

裁判長の言葉に、開口一番ヒトラーは答えます。

── Ich bin schuldig.(イッヒ ビン シュルディッヒ)(私は有罪です)(C-2)

固唾(かたず)を呑(の)んでヒトラーの第一声を見守っていた傍聴人席からはどよめきが起こります。

「私は有罪です」

誰もが、ヒトラーはここぞとばかり「無罪(ウンシュルディッヒ)」をまくしたてるだろうと思っていたからです。
　被告本人が「有罪(シュルディッヒ)」だと認めるのなら話は早い。
　この裁判は即決で「終身刑」です。
　しかし。
　このひとことによって傍聴人から裁判官まで、裁判所にいたすべての人たちはヒトラーの"次の言葉"に耳を傾けることになります。
　もしここで彼が開口一番、
　── Ich bin unschuldig！（私は無罪だ！）
…と叫んでいたらどうだったでしょう。
「お～お～、これからやつのブザマな言い訳が始まるぞ！」
　このあとヒトラーが何を言おうが、聴衆も裁判官も嘲笑うばかりで、聞く耳を持つことはなかったに違いありません。(＊01)
　聴衆の心を摑んでしまえば、あとはもうヒトラーの独擅場です。
　── 先の大戦、前線では我が祖国(ドイツ)が勝っていたにも関わらず、
　　政府は祖国を裏切り、ヴェルサイユ条約などという卑劣きわまりない条約に調印した！
　　そして、我が高貴なるドイツ民族から栄誉も誇りも奪い、あまつさえユダヤ人と結託して、我々の生活を窮地に追いやったのが現政府である！
　　やつらこそ、祖国に対する反逆罪を問われるべきであろう！？
　　私はドイツ国民に、現政府によって奪われた栄誉と誇りを取り戻そうとしただけである！
　　したがって私が有罪だというのなら「ドイツ国民に栄誉と誇りを取り戻そうとした罪」によって有罪なのだ！

（＊01）事実、ルーデンドルフは聞き苦しい言い逃れに終始したため、聴衆は辟易させられています。

当時のドイツ人は"腰ヌケ"の現政府に対して深い不信感を抱いていましたから、彼の演説は「よくぞ言ってくれた！」という想いとなり、傍聴人はおろか、裁判長すらも魅了。(C/D-1)
　その翌日には傍聴記録の全文がドイツの新聞各紙に一面で掲載されるや、ヒトラーは一気にドイツで知らぬ者とていない有名人となります。(＊02)
「ヒトラーこそ真の愛国者だ！」
「彼をこのまま潰してはならない！　刑に温情あるべし！」
　ヒトラーは24日間にわたって裁判所を演説会場のようにまくし立て、世論を完全に味方につけてしまいます。
　その結果、ルーデンドルフは無罪。
　首謀者のヒトラーは禁錮5年、罰金200金(ゴルト)マルク。(D-1)
　終身刑に比べれば圧倒的に軽い刑とはいえ、政治家のヒトラーにとって、5年もの間刑務所に収監され、"政治的な空白"を作ってしまうのは痛い。
　無罪を期待していたナチス党員がショックを隠しきれないでいると、裁判長はつづけます。

ヘス君、今からする私の演説を記録したまえ！これを出版するからな！
ランツベルク刑務所　囚人
アドルフ＝ヒトラー

はい、総統！
ヒトラー秘書
ルドルフ＝ヘス

（＊02）じつは、ミュンヘン一揆のころまではヒトラーの名は全国的にはまだほとんど知られていませんでした。彼が全ドイツに名を馳せたのは、このときの裁判がきっかけでした。

「ただし！ 刑執行の9ヶ月後に仮釈放の資格を与えるものとする！」

これは、実質的な「禁錮9ヶ月」ということで、無罪に近いものでした。

しかも、彼が収監されたランツベルク要塞刑務所（C-5）では、

- 2つの応接間を用意した日当たり良好の部屋が与えられ、
- しかも秘書を付けることが許され、隣室にR.ヘス(ルドルフ)（D-4/5）が控え(ひか)、
- 他にも、接見自由、差し入れ自由、中庭の散歩自由！

…という要人(VIP)待遇。

雑誌・新聞が毎日差し入れられましたから、収監中も政治経済の情勢にも疎(うと)くなることもありませんでしたし、そのうえ、しょっちゅううら若き女性が花束・ファンレターを持って激励に来ました。

さらに、菓子(くだもの)や果物なども頻繁(ひんぱん)に差し入れられたため、彼が出所したころには、刑務所生活を過ごしたというのに、なんと85kgにまで太ってしまったほどです。(＊03)

出所後ヒトラーが最初にやらねばならなかったのは、何はともあれダイエットだったといいます。(＊04)

服役中の9ヶ月間も無駄にすまいと、彼が今に至るまでの己(おのれ)の半生を語り、それをヘスが書き留めていくという作業が行われました。

それが彼の出所後、書物としてまとめられ、ナチス崩壊までに総発行部数1000万部に達したともいわれる、あの有名な『我が闘争(マインカンプ)』です。

(＊03) ヒトラーの身長（170～175cm）で85kgというのは小太りって感じです。

(＊04) 当時、ドイツ国民はみんな痩せこけていました。そんな大衆に向かって演説をするヒトラーがぶくぶくに太っていたのでは、演説に迫力と説得力が欠けてしまいますから。

ところで。

ヒトラーがまさにミュンヘン一揆(プッチ)に失敗した直後、彼が倒そうと思っていた中央政府では、国民生活を破綻させていた超(ハイパー)インフレーションを収拾するべく動いていました。

1923年11月。

シュトレーゼマン首相(A-3)は、新札レンテンマルク(＊05)を発行し、紙クズ同然となった紙(パピエル)マルクを新マルクに「1兆分の1」に切り下げます(デノミネーション)。

すると、アッという間に超(ハイパー)インフレーションは収束し、翌24年には経済は落ち着きを取り戻しました。

24年といえば、ちょうどヒトラーがランツベルク刑務所に収監されていたころ(4～12月)です。

この年を境に、以降5年間、ドイツはゆっくりと経済復興を始めることになります。

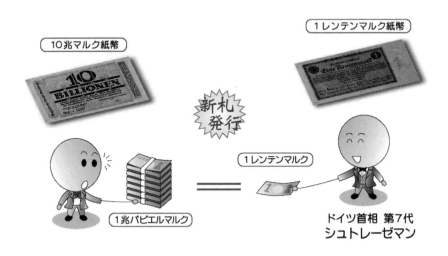

(＊05) パピエルマルクの「Papier」は「紙」という意味なので、「紙マルク」と訳して表記することがありますが、レンテンマルクの「Rente (恩給、年金の意)」は「恩給マルク」と訳して表記することはほとんどありません。

第5章 ナチスの退潮

第1幕

資本のメリーゴーランド
ドーズ案

前幕のドイツの混乱は、フランスがルールに出兵したから。そしてそれは、ドイツが賠償金の支払いを渋ったから。そしてそれは、そもそも賠償金額が現実味を帯びていなかったからです。諸悪の根源は賠償問題。そこで、今一度賠償金支払い問題について協議すべく、各国全権はロンドンに集結する。

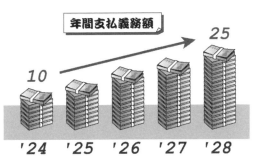

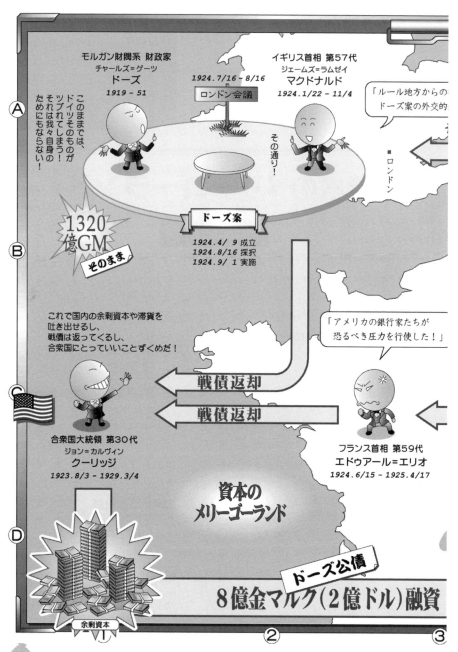

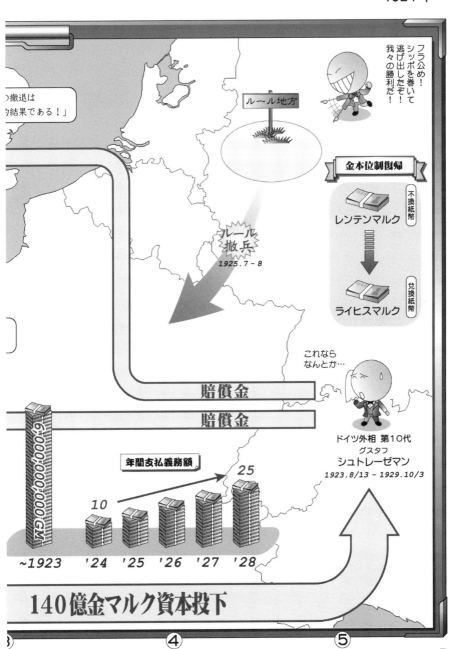

ヒトラーは、こうして絶体絶命のピンチを乗り越えたのでした。
　乗り越えたどころか、彼の"真の飛躍"はここが起点となったといっても過言ではありません。
──飛躍の前に苦境あり、苦境のあとに飛躍あり。(＊01)
　ところで。
　ドイツは1924年に超インフレーションという国内問題を解決しましたが、同年、ドイツが抱えていた外交問題も解決に向かうことになります。
　そもそも超インフレーションが起こったのは、フランスがルール出兵などしたからです。
　しかし、フランスがそうしたのは、ドイツが賠償金の支払いを渋ったから。
　とはいえ、それも「総額1320億金マルク、年60億金マルク」という非常識な賠償金請求をしたからです。

(＊01) 歴史を学んでおりますと、いろいろな「法則性」に気づくことがありますが、これもそのうちのひとつです。もうひとつ例を挙げれば、ヒトラーと何かと比較されるナポレオンも、その飛躍の直前には自殺を考えるほど窮地に陥っていました。
　歴史からこうした真理を悟ることができたとき、我が身に災難が降りかかっても、「よし、これを乗り切れば飛躍が待っているぞ！」という"挫けぬ心"を持てるようになります。

そこで、もう一度この「賠償問題」と「ルール問題」について話し合うべく、話し合いの場が設けられました。
　それが「ロンドン会議」（1924年7〜8月）です。(A-2)
　この会議では、アメリカ代表のC.G.ドーズ（チャールズ・ゲーツ）(A-1)の案が採用されることになります。^(＊02)

——　そもそも「年間60億金マルク（ゴルト）支払え」という要求自体が土台無理なのだから、これを現実的な額に下げる。
　　問題はその「現実的な額」だが、ドイツは10億金マルク（ゴルト）、フランスは25億金マルク（ゴルト）をそれぞれ主張している。
　　そこで両者の中をとり、初年度は10億金マルク（ゴルト）とし、それからドイツの経済復興に合わせて年々返済額を増やしていき、5年目にはフランスの要求額である25億金マルク（ゴルト）とする。(D-4)

　しかし、年間支払額を減らせば、総額1320億金マルク（ゴルト）を完済するのがいつのことになるやら。^(＊03)

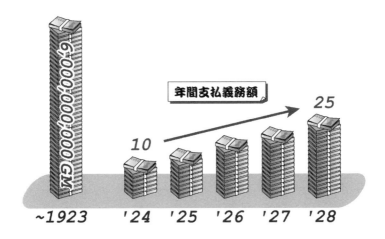

（＊02）所謂「ドーズ案」(B-2)。彼はモルガン財閥系の財政家で、この翌年からアメリカ合衆国の副大統領を1期務めています。

（＊03）利子を考えれば、80〜100年ほどかかるでしょう。

こちらを立てればあちらが立たず。

その問題はどうするのかについて、ドーズは答えます。

──総額1320億金マルク(ゴルト)をどうするか、返済期間をどうするか。

そうしたことは、また5年後に考えればよい。

今は当面の危機を回避することが先決である！

要するに、今回の案はあくまでも「当面5年間の安全保障」であって、「6年目以降のことは何にも考えていない」という、お世辞にも"完全解決"と呼べる代物ではありませんでした(＊04)が、これによりひとつの国際問題が解決したことは大きいものでした。

──ドイツはドーズ案に基づいて支払いをすると約束した。

ドイツは誠意を見せたのだから、フランスもまた誠意を示し、

ルールから撤兵するように。

フランスもこれに同意し、ロンドン会議からちょうど1年後の1925年7〜8月にかけてルールから撤兵します。(B-4/5)

自分が主催人(ホスト)を務めた会議によってこじれていた国際問題が解決を迎えたことで、イギリス首相マクドナルド(A-2)も安堵(あんど)の言葉を発します。(＊05)

(＊04) したがって、5年後にふたたび話し合いの場を持つ必要が生まれます。
それが1929年の「ハーグ会議」(第5章第4幕)です。

(＊05) 国際会議というものは、その主催国のメンツがかかっています。会議によって国際問題が解決すれば主催国は面目躍如、失敗すればメンツ丸つぶれとなります。

「ルール地方からの撤退は、ドーズ案の外交的結果である！」(A-3)
　ところで。
　この「ドーズ案」、よく成立したものです。
　ドイツは初年度の「10億金マルク」ならなんとか支払えない額ではありませんでしたが、たった5年間のうちに支払額が「25億金マルク」にまで跳ね上がるという計画です。
　それだけの額を支払えるようにするためには、急速な経済復興が見込めなければなりませんでしたが、それは可能だったのでしょうか？
　ふつうに考えれば到底ムリです。
　そこで、アメリカが提案します。
──安心したまえ。
　我がアメリカがドイツに対し、毎年8億金マルクの融資と140億金マルクの資本投下(D-2/3/4)を行おうではないか。(＊06)
　それなら、ドーズ案に基づく返済も可能であろう？
　戦後復興には莫大な資本が必要です。
　それをアメリカが保証してくれるというのなら話は別です。
「それなら…！」

140億金マルク資本投下

(＊06)「アメリカは気前のいい国だな」と思われたかもしれませんが、そうではありません。
　　　じつはこれ、アメリカ自身のためでもあったのです。
　　　資本主義というのは、お金が足らなくても困りますが、じつは多すぎても困ります。
　　　アメリカは戦後、世界中の富という富が集中してしまい、余剰資本が莫大な額に達し、投資先に困っていたのです。ドイツへの投資は「御為ごかし」にすぎません。

独外相シュトレーゼマン（C-5）も、「ドーズ公債」（D-2/3）という強力な後ろ盾があって初めてドーズ案を受け容れることに同意したのでした。(＊07)

こうして、ドーズ案に基づいて順調に賠償金の支払いが実行に移されるようになる（C-4/5）と、英仏はその賠償金を右から左、そっくりそのままアメリカへの戦債返済に充てることになりました。（C-2）

これによって資本が アメリカ → ドイツ → 英仏 → アメリカ とぐるぐる回るようになり(＊08)、国際経済もようやく安定に向かうことになりました。

しかし、フランスは不満です。

仏 E．エリオ首相（C-2/3）は怒りを顕わにします。

── アメリカの銀行家たちが恐るべき圧力を行使した！

フランスのドイツに対する恐怖心は、"病膏肓に入る"観がありました。

そこで、ドイツは……。

(＊07) つまり、このドーズ案は「ドーズ公債」なくして存在し得ないということです。
万が一にも将来、この「ドーズ公債」が実施不能となった場合、その瞬間からこのシステムは破綻するということです。そしてその懸念は1929年、現実のものとなります。

(＊08) これを「資本のメリーゴーランド」（D-2）と呼びます。

第5章　ナチスの退潮

第2幕

対独恐怖症の処方箋
ロカルノ条約

フランスの「対独恐怖症」はすさまじい。その顕れとしてフランスはドイツに対し、「不自然なほどの攻撃的言動」「理不尽な要求」を繰り返す。これにウンザリさせられたドイツは「履行政策」を以て事態の改善を図らんとした。それがひとつの実を結んだものが「ロカルノ条約」である。

ぜってぇ
守れよ！

仲裁裁判

フランス首相　第61代
アリスティード＝ブリアン

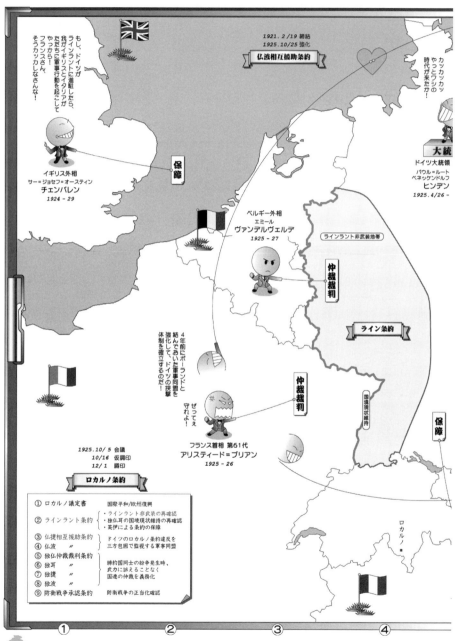

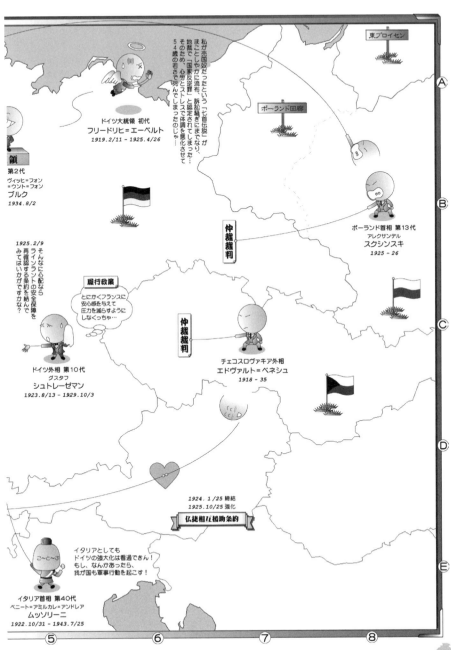

フランスは当時、大いなる自己矛盾を抱えていました。
　　それは、
「ドイツには賠償金を満額きっちり返済してもらう！」という経済的な欲求と、
「ドイツには永久に経済復興させぬ！」という政治的な欲求。
　賠償金を取ろうと思うならドイツの経済復興は欠かせませんが、それはイヤ。
　ドイツ経済を抑え込もうとすれば賠償金は取れなくなりますが、それもイヤ。
　このころのフランスの異様さは、この相矛盾する２つの主張をどちらも絶対に退こうとしないところでした。
　── ドイツを未来永劫にわたって経済復興させない！
　　しかし、支払い能力を大幅に超えた莫大な賠償金は払ってもらう！
　言ってることがめちゃくちゃですが、それは「フランスが理性を失うほどドイツの潜在能力を怖れていた」ことの裏返しでもあります。^(＊01)
　ドーズ案は、年ごとの返済額が大幅に減額された上、ドイツの経済復興を前提とした内容でしたから、フランスは不満この上ありません。
　── ドイツに経済復興を許すなどとんでもない！
　　そんなことを許して、またドイツが我が国に攻め寄せてきたら誰が責任を
　　取ってくれるのだ！？
　止むことのないフランスのドイツに対する理不尽な攻撃に、ホトホトうんざりさせられていたドイツ。
　こうした情勢の中で外相となっていたシュトレーゼマン(C-5)は、フランスの理不尽な攻撃をかわすため、"履行政策"^(＊02)を採っていました。
「それでは、今一度ヨーロッパの主要国が集まって、
　　戦後の国際秩序について話し合う場を設けては如何でしょう？」

(＊01) 歴史を紐解くと、近隣に大きな潜在能力を有する国・民族があると、それを怖れるがあまり、その国・民族に対して「理不尽な要求」や「不自然なほどの攻撃的な言動」に走ることがあります。それは、隣国の能力に対する劣等感の顕れでもあります。

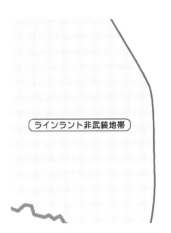

　こうしたドイツ側からの提唱により、ヨーロッパ主要国の全権がスイスのロカルノ(E-4)に集まって会議が催されることになりました。
　これが「ロカルノ会議」です。
　この会議は、一にも二にも「フランスの"ドイツ恐怖症"に対する処方箋を出す」ためのもの。
　とにかくフランスは、「いつ何時、ドイツがヴェルサイユ条約を破り、非武装地帯を突破して、独仏国境を侵すかもしれない」と怖れているわけですから、
- ドイツは現在の西方国境を守る
- ドイツ軍はラインラント地帯に進駐しない

…という、すでにヴェルサイユ条約で定められている内容が再確認されました。
　しかし、それでも不安がるフランス。

(＊02)「履行政策」とは、相手のどんな無理難題も受け容れることで相手を安心させ、自国に対する警戒心を解かせようとする政策のこと。シュトレーゼマンによるこの履行政策は、ルール地方での"消極的抵抗(ストやサボ)"を労働者にやめさせることから始まりました。

——それでもドイツはこれを破るかもしれない。
　誰がこれを保障してくれる？
　フランスのドイツ恐怖症は、我々の想像をはるかに超えています。
　そこで、怯(お)えるフランスをなだめるために、これらの内容を英(イギリス)(A/B-1/2)と伊(イタリア)(D/E-4/5)が保障することにします。(＊03)
　これを「ライン条約（ラインラント条約）」(C-4)と言います。
　すでにヴェルサイユ条約で定められていることと同じ内容を「再確認」する。
　それを英(イギリス)伊(イタリア)が保障する。
　ここまでしてあげたのですから、さしものフランスもようやく枕を高くして眠れる——かと思いきや。
　それでもフランスの不安は拭(ぬぐ)えません。
　そこでフランスは、フランス同様ドイツと国境問題を抱えていた(＊04)チェコスロヴァキア(C-7)と仏(フランス)捷(チェコ)相互援助条約(＊05)(D/E-6/7)を、ポーランド(B-8)と仏(フランス)波(ポーランド)相互援助条約(A-3)を結び、ドイツを仏(フランス)捷(チェコ)波(ポーランド)三国で三方から包囲する体制を築きます。
　——もしロカルノを破りやがったら、三方から袋叩きにするぞ！
　…というフランスの意思表示に他なりません。
　ライン条約は英(イギリス)・伊(イタリア)が保障するといっているにも関わらず、さらに捷(チェコ)・波(ポーランド)まで自陣営に組み込もうとする念の入れよう。
　さすがにもうこれでフランスも安心したろう——と思いきや。
　それでも安心できなかったフランスは、ドイツがそれぞれ仏(フランス)・耳(ベルギー)・捷(チェコ)・波(ポーランド)と仲裁裁判条約(E-1/2)を結ぶことを要求します。

(＊03)要するに、「もしドイツがこれを破ったら、イギリス・イタリアがただちに軍を出してフランスを守ってあげますよ」ということです。

(＊04)本書「第1章 第3幕」でも触れましたように、チェコは「ズデーテン地方」、ポーランドは「ポーランド回廊およびダンツィヒ」という国境問題を抱えていました。ズデーテンは80％、ポーランド回廊は50％、ダンツィヒはほぼ100％がドイツ系住民だったため。

これは、
「将来ドイツとこれら４ヶ国とに紛争が生じたとき、
　武力に訴えることなく、かならず連盟(リーグ)の仲裁を受け容(い)れること」
…を義務づけたものです。
　所謂「ロカルノ条約」というのは、これらの条約群の"総称"ですが、内容は、言葉も失うほどドイツをがんじがらめにしたものでした。
　これで本当にやっと、フランスも安堵したことでしょう。
── かと思いきや！
　フランスは、これでもまだ安心していなかったのです。
　そして、それがつぎの歴史を動かすことになります。

ロカルノ条約

①	ロカルノ議定書	国際平和／欧州復興
②	ラインラント条約	・ラインラント非武装の再確認 ・独仏耳の国境現状維持の再確認 ・英伊による条約の保障
③	仏捷相互援助条約	ドイツのロカルノ条約違反を 三方包囲で監視する軍事同盟
④	仏波　〃	
⑤	独仏仲裁裁判条約	締約国同士の紛争発生時、 武力に訴えることなく 国連の仲裁を義務化
⑥	独耳　〃	
⑦	独捷　〃	
⑧	独波　〃	
⑨	防衛戦争承認条約	防衛戦争の正当化確認

(＊05) 本書「第１章 第３幕」の(＊08)でも触れましたが、相互援助条約とは、単に「軍事同盟」を聞こえのよい表現に言い換えただけのものです。
　おもに「軍事同盟は結びたいがあまり事を荒立てたくない」というときに使用されます。
　堂々と「○○軍事同盟」と表現しているときは、仮想敵国に対して「こちらはいつでも戦争する覚悟があるぞ」という威嚇の意味が込められています。

Column　戦間期20年を俯瞰する

　これまで見てまいりましたように、戦後に構築された新国際秩序「ヴェルサイユ体制」はあまりにも米・英・仏に都合のいいように作られていましたので、これに封じ込められたドイツ、溢れたイタリア・日本が反発しました。

　独伊両国の世論は、1920年ごろから急速に右傾化していき、まだ大戦が終わったばかりだというのに、ヴェルサイユ体制はグラついていきます。

　しかし、1924年ごろから、これに危機感を覚えた英仏が妥協に転じ、それと同時にドイツ政府も"履行政策"を採り、さらにはドイツ国内ではヒトラーの挫折（服役）、ムッソリーニの国内執心（独裁体制への努力）などの条件が相まって、国際秩序は急速に安定に向かいます。

　この安定は5年ほどつづき、6年目も7年目もその先もずっとこの延長線上にあるかに思えたちょうどそのとき！

　"それ"は思いもかけず世界を襲い、猛威を揮ってこの安定を木っ端微塵にしてしまいます。

　それが「世界大恐慌」です。

　こうして歴史を大きく俯瞰してみたとき、

1919年 ⎫
　　　　⎬ 第1期：ヴェルサイユ体制への反発が混乱を呼ぶ5年間
1924年 ⎫
　　　　⎬ 第2期：米英仏独各国の努力により緊張緩和した5年間
1929年 ⎫
　　　　⎬ 第3期：世界的な経済破綻が国際的緊張を招いた5年間
1934年 ⎫
　　　　⎬ 第4期：ヒトラー暴走により世界大戦へと向かう5年間
1939年

…といったように、戦間期（1919～39年）の20年は、ちょうど「5年周期」で大きな転換点を迎えていることがわかります。

　歴史を学ぶときは、つねにこうした「歴史の大きな枠組み」を理解しながら、細かな歴史事件を学ぶことが大切です。

　ちなみに本書では「第1～3期」の15年間を扱います。

第5章 ナチスの退潮

第3幕

1枚の紙切れ…
パリ不戦条約

ロカルノ条約は成った。しかしフランスの「対独恐怖症」はそれでも治まることはなかった。ロカルノ条約にはアメリカが参加していなかったためである。そこでフランスは、何としてもアメリカを巻き込むべく「不戦条約」を提案した。

後世の評価

「1枚の紙キレ以外何物でもない条約」

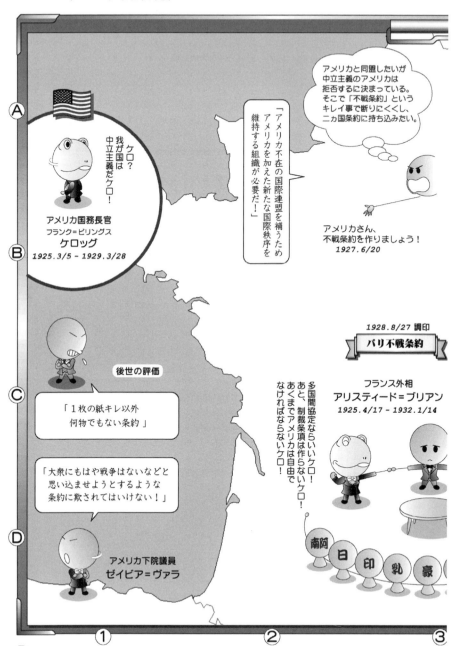

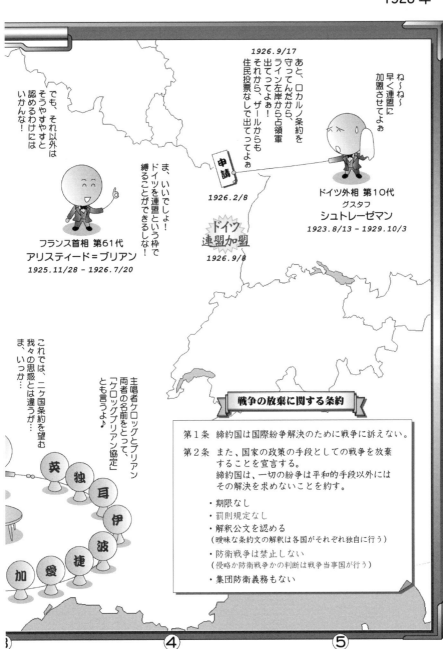

■ カルノ条約はこうして生まれました。
　ロカルノが生まれなければならなかったのは、それほど「ヴェルサイユ体制」がグラついていたためで、これを補完するという意味合いもありましたから、これに基づく国際秩序をとくに「ロカルノ体制」と呼びます。(＊01)
　一段落したドイツ（シュトレーゼマン外相）（A/B-5）は、さっそく新たな要求を出します。
　──ロカルノ条約が成立したのだから、いまや我が国の脅威はなくなったものと心得る。
　したがって、我が国も常任理事国として連盟(リーグ)に参加させていただきたい。
　そして、ライン左岸（A-4/5）から撤兵してもらいたい。
　ザールもただちに返還してもらいたい。
　これらはすべて、「ドイツは敵国」「ドイツは脅威」という前提に立って実施されたものです。
　しかし、現状を見れば、ヴェルサイユ体制とこれを補完したロカルノ体制で

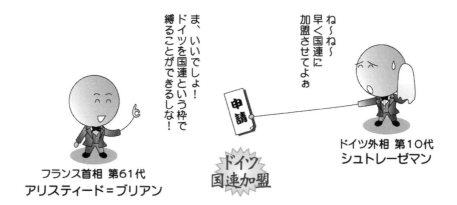

ま、いいでしょ！ドイツを国連という枠で縛ることができるしな！

フランス首相　第61代
アリスティード＝ブリアン

ドイツ
国連加盟
申請

ね～ね～早く国連に加盟させてよぉ

ドイツ外相　第10代
シュトレーゼマン

（＊01）あくまで「補完」という位置づけであるため、「ヴェルサイユ体制」がなくなって「ロカルノ体制」に入れ替わったということではありません。このあとも「ヴェルサイユ体制」と呼んで構わないのですが、とくに「1924年までのヴェルサイユ体制」と「25年以降のヴェルサイユ体制」を区別したいときに使用される言葉となります。

がんじがらめにされても「履行政策(りこう)」を国策とするドイツはおとなしいのですから、「ドイツの脅威」などどこにもないではないか！

　となれば、ドイツの要求はただちに実施されるのが筋というべきです。(＊02)

　これに対して、さすがのフランス（　A　．ブリアン首相(アリスティード)）（A/B-3/4）も、ドイツの連盟(リーグ)加盟だけは不承不承ながら承認しました。

　こうしてドイツは、翌1926年、連盟(リーグ)に加盟(＊03)します。（B-4/5）

　一歩前進。

　しかしフランスは、残りの要求について断固拒否します。

「ライン左岸からは撤兵しない。

　ザールも返還しない。

　連盟(リーグ)もヴェルサイユ体制もロカルノ体制も、致命的な欠陥があり、

　いまだドイツの脅威は減じておらぬ！」

　"致命的な欠陥"とは何か。

「世界最大の軍事大国にして経済大国のアメリカの保障のない国際秩序など

　"絵に描いた餅(もち)"にすぎぬ！

　ドイツの脅威を消し去るためには、アメリカ不在の国際連盟を補うため、

　アメリカを加えた新たな国際秩序を維持する組織が必要である！」（A/B-2）

　そこでフランスは、ドイツを仮想敵国とした「米仏軍事同盟」を模索します。

　とはいえ、「孤立主義（中立主義）」を掲げるアメリカがこれに乗ってくるはずもありません。

　そこで、フランスは一計を案じ、「軍事同盟」ではなく「不戦条約」という名目でアメリカに接近します。

(＊02) ライン左岸の完全撤退もザールの処遇も、従来的には1935年の予定でしたが、シュトレーゼマンはロカルノ体制の成立を盾に、これを繰り上げ実行してほしいと要求したのでした。

(＊03) 常任理事国として。これにより常任理事国は5ヶ国となりました。

――ケロッグ（A/B-1）殿。

如何でありましょうや。

「あのような悲惨な戦争を二度と起こしてはならない」という"不戦への想い"は我が国も貴国も同じではありませんか。

そこで、両国で「不戦の誓い」を掲げた二ヶ国協定を結ぼうではありませんか。（A-2/3）

なるほど、うまいこと考えたものです。

たしかに「不戦の誓い」を謳い上げるだけの協定なら、アメリカの掲げる「孤立主義」精神に悖ることもないだろう、というわけです。

この提案ならアメリカも断りにくい。

しかし、それはあくまでも"建て前"。

アメリカもバカではありませんので、フランスの"本心"が「ドイツを仮想敵国とした米仏軍事同盟」であることはわかります。

フランスの口車に乗ってこの協定を結んでしまえば、将来フランスとドイツが交戦状態になったとき、アメリカが巻き込まれはしないだろうか。

このことを懸念したアメリカは対案を出します。

アメリカ国務長官
ケロッグ

ケロ？

「アメリカ不在の国際連盟を補うためアメリカを加えた新たな国際秩序を維持する組織が必要だ！」

アメリカと同盟したいが中立主義のアメリカは拒否するに決まっている。そこで「不戦条約」というキレイ事で断りにくくし、二ヵ国条約に持ち込みたい。

アメリカさん、不戦条約を作りましょう！

「なるほど、それはすばらしい提案ですな。

しかし、それだけに、こんなにもすばらしい協定を我々2ヶ国だけで留めておくのは如何なものでしょうか。

もっと多くの国々で共有し、多国間協定にしましょう」

こうしてアメリカは、フランスが望んだ「米仏二ヶ国協定」ではなく、「国際協定」にすり替え、フランス案を換骨奪胎してしまいます。(＊04)

敵もさる者、引っ掻く者。

今回の"狐(フランス)と狸(アメリカ)の化かし合い"は、アメリカに軍配が上がりました。

1928年、こうして生まれたのが「パリ不戦条約」(B/C-2/3)です。

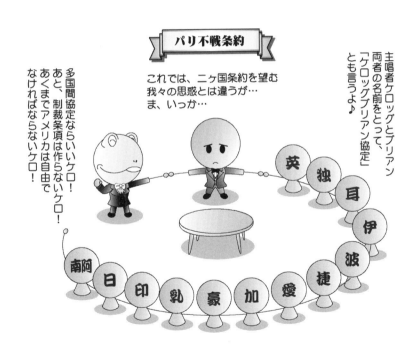

(＊04) たとえば「二国間協定」なら、条文の解釈次第で、事実上の「ドイツを仮想敵国とする軍事同盟」として機能させることも可能になりますが、「多国間協定」にして、加盟国にドイツを加えてやれば、「ドイツを仮想敵国」というニュアンスを盛り込めなくなり、ただの「お題目」と化してしまうからです。

その内容はわずか「三ヶ条(＊05)」。

> 第一条　締約国は国際紛争解決のために戦争に訴えることを非とする。
> 第二条　締約国は相互間に起こる一切の紛争・紛議を平和的手段に依って解決することを宣言する。
> 第三条　本条約は各締約国の憲法に基づき批准されたのちに実施される。

とても短い条文には、期限もなく、罰則規定すらありません。

罰則規定もないような条文の「非とする（認めない）」「宣言する」という言葉に何の意味があるでしょうか。

そのうえ、「戦争」「紛争」「紛議」「平和的手段」など、短い条文中に登場する文言には一切"定義"というものがされていません。

定義もなくて、その解釈はいったい誰が決めるのでしょう？

なんとそれは「解釈公文を認める」という驚くべきものでした。(D-4/5)

言い換えれば、「文言の解釈は各国が勝手に行ってよい」ということです。

そんないいかげんな条約に何の意味があるでしょう。

たとえば、アメリカの「解釈公文」は以下のようなものです。

「条約で禁止されている"戦争"とは、侵略戦争を指し、防衛戦争は禁止されていないものと解釈する」

「国益を守るためであれば、自国外に軍を派兵しても防衛戦争である」(＊06)

何を以て「戦争なのか、そうじゃないのか」「防衛戦争なのか侵略戦争なのか」は当事国の解釈公文次第。

(＊05)　条項本文だけなら、日本語原文で250字もありません。

(＊06)　「外国に軍を送り込んでも防衛戦争」というなら、侵略戦争など存在しないということです。不戦条約の精神を根底から否定するような解釈公文ですが、他でもない、No.1の超大国アメリカがこう言うのですから、他の国もすべて"右へ倣え"。
アメリカの解釈公文が「不文律」「正文」のように扱われます。

これが"美辞麗句"で埋めつくされたパリ不戦条約の"正体"でした。
── 1枚の紙切れ以外、何物でもない条約。(C-1)
── 大衆に「もはや戦争はない」などと思い込ませようとする条約に欺されてはいけない。(C/D-1)
後世、さんざんな評価となるも宜なるかな。
このように、歴史を学ぶときは、言葉の表面的な意味だけではなく、その行間をその背景から学ばないと、本質を見失います。

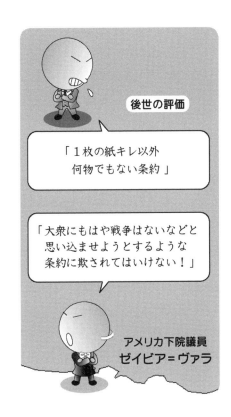

Column　不戦条約と満州事変

　パリ不戦条約から3年後の1931年、満州事変が勃発しました。
　このとき日本は、
「これは"戦争"ではない。"事変"である！」
「百歩譲ってこれが"戦争"だとしても、国益を守るためであるから、
　防衛戦争である！」
…と発表しましたが、この"強弁"が当時も今も非難の的です。
「日本は不戦条約を破った！」
「どう見ても侵略戦争であるものを、防衛戦争だと強弁した！」
　しかしながら。
　本文でも触れましたように、パリ不戦条約は「解釈公文を認める（文言の解釈は各国が独自に行ってよい）」というもので、アメリカも「防衛戦争は禁止されていない」「国益を守るためであれば、外国に軍を派兵することも認められる」との解釈公文を公示しています。
　アメリカの解釈公文は不戦条約の「正文」のように扱われましたから、日本の"強弁"と言われるものは、"きわめて忠実に不戦条約を履行"した言葉ということになります。
　現に。
　そのたった2年前（1929年）にも、ソ連が同じ満州に陸空軍を進駐させていますが、このときのどこからどう見ても侵略戦争である軍事行動をソ連は堂々「防衛行動である！」と発表し、またそれが国際的にも認められています。
　ソ連が同じことをしても「防衛戦争」と認められ、無罪放免。
　日本が同じことをすると「侵略戦争」と断じられ、不法国家扱い。
　ここに歴史の真実が隠されています。
　歴史全体を知らず、その一部分だけしか知らないと、真実から目を逸らされても気がつきません。
　歴史は総体的、全体的、巨視的に学ぶことが大切なのです。

第5章 ナチスの退潮

第4幕

現実的な返済計画
ヤング案

ドーズ案は5年間の時限立法であった。その5年が過ぎようとしていた29年、もう一度各国全権がロンドンに集まり、賠償問題について協議しあうことになる。会議の結果、ヤング案が採択され賠償問題は最終的に解決されたかに見えた。しかし、その年10月に起こった世界大恐慌はすべてを御破算にしてしまう。

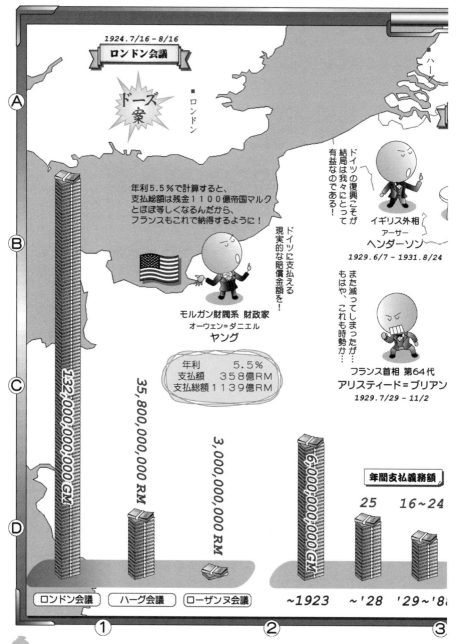

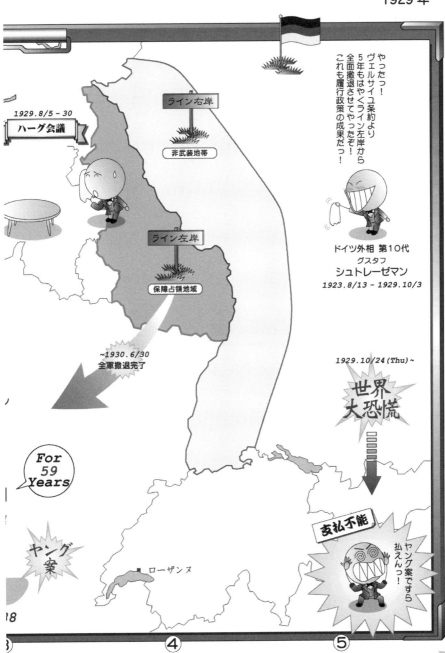

このように、パリ不戦条約は表面的には美辞麗句がちりばめられていましたが、その中身はどうとでも独自解釈が許され、そのうえ罰則規定すらない、という代物でしたから、15の原加盟国からスタートしたこの条約は、結成10年でアッという間に63ヶ国にまで膨れあがりました。^(*01)

　ところで。

　この「不戦条約」が締結された翌年1929年は、さきのドーズ案の期限が切れる年です。

　「本章 第1幕」で触れましたように、ドーズ案（A-1）はあくまで当面5年間（1924～28年）の返済計画をまとめたものにすぎませんでしたから、1929年にもう一度話し合いの場を設ける必要がありました。

　それが本幕でご説明する「ハーグ会議」（A-3/4）です。

　この会議の中心人物はモルガン系企業の財政家　O．D．ヤング。（B/C-2）

(*01) これは「国際連盟」の最大加盟国数（58ヶ国）よりも多いものです。
　　　のちの「国際連合」の加盟国数（2016年現在193ヶ国）から見れば少ないですが、その時代における主権国家の母数が違いますから、単純に比較はできません。
　　　パリ不戦条約の最大加盟国数（63ヶ国）は、このころの世界中の主権国家のすべての数のじつに90％にのぼります。

じつは、このころの返済残額はすでに「1100億帝国マルク^{ライヒス}(＊02)」まで減っていたのですが、これを1929年以降、どうやって返済させていくのか。
　そこでO^{オーウェン}．ヤングとフランス首相ブリアン(C-3)との熾烈^{しれつ}な外交駆引^{かけひき}が展開されます。
「ブリアン殿。
　今のままではドイツに支払い能力がないことは明白です。
　そこで如何^{いかが}でしょう。
　年間返済額がドイツに支払える額になるよう、賠償期間を当初（30ヶ年）の倍の60ヶ年とし、利子も免除してあげるのです」
　残額1100億帝国^{ライヒス}マルクを、利子を考えずに単純に60ヶ年で割ると、年間支払額はだいたい18億帝国^{ライヒス}マルク程度になり、これなら返済計画として現実的な数字です。
── う〜む。
　　しかし、利子を取らないというのはどうも……。

モルガン財閥系　財政家
ヤング

フランス首相　第64代
アリスティード＝ブリアン

（＊02）ややこしい話ですが、1924年、ドイツは不換貨幣「レンテンマルク」から兌換貨幣「帝国マルク」への切替を行いました。（「第5章 第5幕」パネル(B-5)を参照）
　　　しかも混乱を避けるため、新貨幣「帝国マルク」を旧貨幣「金マルク」と同じ金兌換額（純金約358g）にしたため、「金マルク」と「帝国マルク」は、額面上はほぼ同じです。

「よろしい。

　では、きっちり年利5.5％を取りましょう。

　その代わり、年返済額は平均18億帝国マルク(ライヒス)のまま(＊03)、60ヶ年年賦(ローン)ということにします」

──それでは、賠償金額が減るではないか。

「その通り。それに合わせて賠償金額を減らすのです」

　この方向で細かな調整が行われた結果、年返済金額は16～24億帝国マルク(ライヒス)、59ヶ年年賦(ローン)(D-3)、そこから算出された賠償金額が358億帝国マルク(ライヒス)(D-1)となりました。

　1921年のロンドン会議では、戦勝諸国が「これだけ欲しい！」と要求した賠償額をそのまま加算しただけでしたが、今回はきちんとドイツの支払い能力を考えて出した現実的な数字でした。

　これが「ヤング案」(D-3)です。

　こうして、モメにモメたドイツの賠償金問題がようやく解決を見ます。

　これにより、ライン左岸の撤退が5年繰り上げられ、翌1930年に全軍撤退が完了したことは、外相シュトレーゼマンの外交成果と言ってよいでしょう。

ドイツ外相 第10代
シュトレーゼマン

（＊03）この「18億帝国マルク」というのはあくまで「年平均」であり、実際には諸般の事情により、支払い年度によって「16～24億帝国マルク」まで幅があります。

ところで。

もしこれが最後まで実施されていたら、ドイツはなんと1988年まで賠償金を支払いつづけなければならなかったことになります。

これには当時からドイツ国内で反発がありました。

——これからドイツは60年も奴隷民族と成り下がるのか！

しかし。

このときのドイツ人の心配はまったくの杞憂（きゆう）でした。

この「ヤング案」は、59年どころか、なんと1年と保（も）たなかったのです。

ヤング案が実施されることになったその年の10月24日。

「世界大恐慌」が勃発（C-5）し、この想定外の出来事を前にしてヤング案の前提そのものが崩壊し、たちまちドイツは支払不能となってしまったからです。

こうして、ようやく手に入れたと思った安定は、その瞬間、スルリとその手から離れていったのでした。

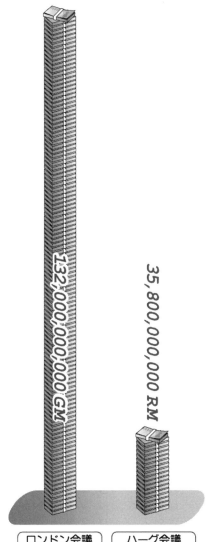

ロンドン会議　ハーグ会議

Column 世界大恐慌

　1919～29年。
　この戦後10年間、アメリカは絶頂の中にありました。
　世界中の富という富がアメリカに集中し、ついこの間まで英仏を中心に動いていた世界は、急速にアメリカを中心に回りはじめたのです。
　景気は上がりつづけ、それに伴って株価も上がりつづけます。
　株価は確実に上がりつづけ、どんな素人が適当に株を買っても、確実に儲かる時代がやってきます。
　労働者(プロレタリアート)から主婦、果ては靴磨きの少年（当時は最底辺の職業と見做(みな)されていました）までが株を買いあさるという有様。
　こうなると、需要と供給の関係で、企業実績を大きく超えて株価が上がりつづける現象が生まれますから、破綻(はたん)がやってくるのは明白。
　無知な一般投資家は、ただこの状態が未来永劫つづくと盲信して、何も考えずに株を買いつづけますが、職業投資家(プロ)はじょじょに破綻(はたん)が近いことを感づきはじめます。
　──よし、ウリだ、ウリだ！！
　　　持ち株は全部ウリだ！
　こうして、今まで右肩上がりをつづけていた株価がカクンと下げはじめると、見たこともない「下げ」に一般投資家は狼狽。
　「なんだ、なんだ！？　何が起こってる？」
　「損しちゃう！　早く売らなきゃ！！」
　こうして、株式市場は「ウリ一色」となり、暴落が始まりましたが、当時の資本主義にはこれを制御(セーブ)するシステムが存在しなかったため、底値知らずで下がりつづけます。
　当時、世界の金融・貿易を支配していたアメリカ経済がコケたのです。
　アメリカに"おんぶにだっこ"されていた世界中の国々が一斉に経済恐慌に陥(おちい)るのは自然の理(ことわり)でした。
　世界が破局に向かって走りはじめた瞬間です。

第5章 ナチスの退潮

第5幕

熱弁は届かず
安定の中のナチス退潮

ヒトラーは弁論の天才であったが、その舌に魅了されるのも、背後に社会不安があったればこそ。戦間期の第1期のころは、その社会不安を背景にして躍進を果たしたナチスだったが、第2期に入って社会が安定に向かうや、たちまちジリ貧となる。このまま泡沫政党のひとつとして消えていくのかと思った矢先…。

私の熱弁も功を奏さず
ジリ貧の一万…

ジリ貧

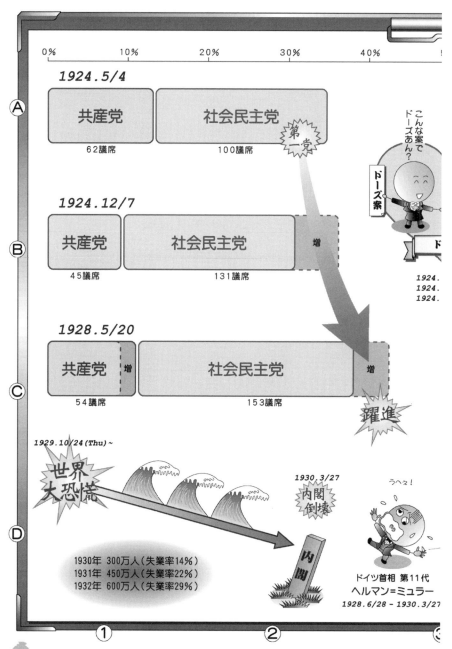

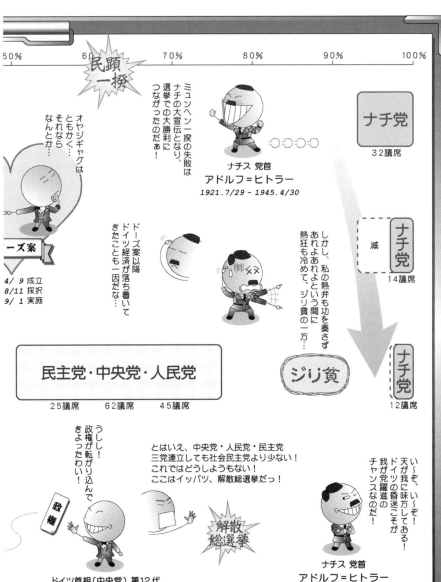

さて、ここまでのドイツおよびナチスの動きを各章ごとに振り返ってみますと、

第3章で「戦間期 第1期のドイツの動き」について、(*01)
第4章で「戦間期 第1期のナチスの動き」について、
第5章で「戦間期 第2期のドイツの動き」について見てきました。
本幕では「戦間期 第2期のナチスの動き」について見ていくことにします。

じつは、ナチスの盛衰はつねに社会の動きと連動しています。
社会不安が増大すると、これに乗じてナチスは躍進し、
社会が安定してくると、たちまちナチスは退潮していきます。

たしかにヒトラーは、その演説において聴く人を魅了せずにおかない特殊な才能を持つ人でした。

しかし、それとて聴衆の心の中に「社会不安」という切迫感があってこそ。

社会が安定してしまえば、ヒトラーのどんな熱弁にも耳を傾けてくれる人はいなくなります。

戦間期の第1期（1919〜24年）では、社会不安がどんどん広がっていきましたから、ヒトラーはこれを煽（あお）ることで大躍進を遂げることができました。

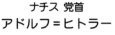
ナチス 党首
アドルフ＝ヒトラー

32議席

───────────────────────────

（＊01）本書「第5章 第2幕」のコラムでも触れましたが、戦間期の20年間は5年周期で4期に分けることができます。その場合 ──
　　　第1期が「1919〜24年」、第2期が「1924〜29年」、
　　　第3期が「1929〜34年」、第4期が「1934〜39年」となります。

1923年のミュンヘン一揆(A-3/4)でヒトラーは躓き、ナチスは解散、彼自身もランツベルク刑務所に服役、"頭"を失ったナチス残党たちはたちまち四分五裂してしまったにも関わらず、その後もナチスの勢いが衰えることがなかったのは、こうした社会背景がありました。

　1924年5月。

　ヒトラー不在のまま臨んだ総選挙(A-1)であったにもかかわらず、選挙初挑戦にしてナチス(＊02)が32議席も獲得(A-5)しています。

　その年の暮れ(12月20日)になって、ヒトラーが仮釈で出所するや、彼は四分五裂していたナチス残党をたちまち統一(＊03)し、翌年2月27日にはナチスを再結成します。

　ヒトラーの復帰、ナチスの再結成で、ナチスの勢いはますます隆盛を極めるだろう……と思いきや。

　そこからナチスは衰勢の一途をたどります。

　なんとなれば、本章で見てまいりましたように、その直後から時代は新しい段階(第2期)に入り、ドーズ案、ロカルノ条約、ヤング案…と社会が急速に安定していったからです。

しかし、私の熱弁も功を奏さずあれよあれよという間に熱狂も冷めて、ジリ貧の一方…

ジリ貧

ナチ党
12議席

(＊02)「ナチス」自体は解散させられていましたから、正確には「ヒトラー収監後、四分五裂したナチス残党らが作った"ナチス隠れ蓑政党"が寄り集まった連合体(民族主義社会主義ブロック)」ですが。

(＊03) ヒトラー不在で四分五裂、復帰するとたちまち統一。こういうところからも「ヒトラーあってのナチス」、ヒトラー以外は小粒な人物しかいなかったということがわかります。

こうなるともう、ヒトラーがどれほど声を嗄らして叫べども、その声は民衆の耳に届きません。

ナチスは、総選挙のたびに14議席、12議席と、ジリジリその議席数を減らしていきました。(B/C-5)

逆に、与党の社会民主党(A-2)は、その実績によって、100議席、131議席、153議席と選挙のたびに躍進。(A/B/C-2)

このままいけば、ナチスなど地方に無数に現れた「口先だけは大きなことを言う泡沫政党のひとつ」として、歴史の中に埋没していったことでしょう。

しかし。

歴史に名を残す人物というのは、総じて運が強い。

1929年10月24日。

アメリカ・ニューヨークのウォール街から発した株価暴落はたちまち"津波"となってドイツを襲い(D-1/2)、一気に失業者が300万人に達し、アッという間に内閣は崩壊。(D-2/3)

やっと安定してきたかと思われた矢先、突如として垂れ込めてきた暗雲は、ヒトラーにとっての"恵みの雨"となったのです。(D-5)

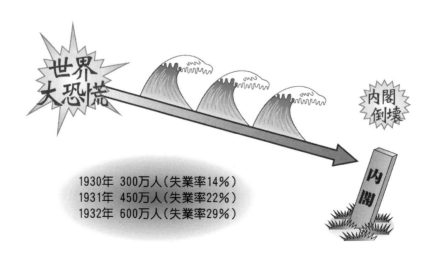

1930年　300万人(失業率14％)
1931年　450万人(失業率22％)
1932年　600万人(失業率29％)

第6章 ナチスの独裁

第1幕

誤った治療法
フーヴァーモラトリアム

「我が合衆国は永遠に繁栄しつづけるだろう」
そう大見得を切ったフーヴァー大統領はわずかその半年後、己の見識の浅さを思い知らされることになる。
しかし、それでも彼の強弁は止まらない。
「ただの風邪だ、放っておけば治る！」
それから2年。経済は悪化の一途をたどり、ついに…。

合衆国大統領 第31代
フーヴァー

〈フーヴァーモラトリアム〉

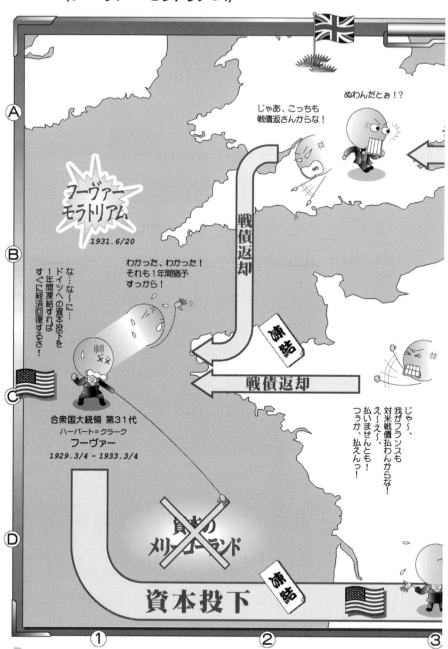

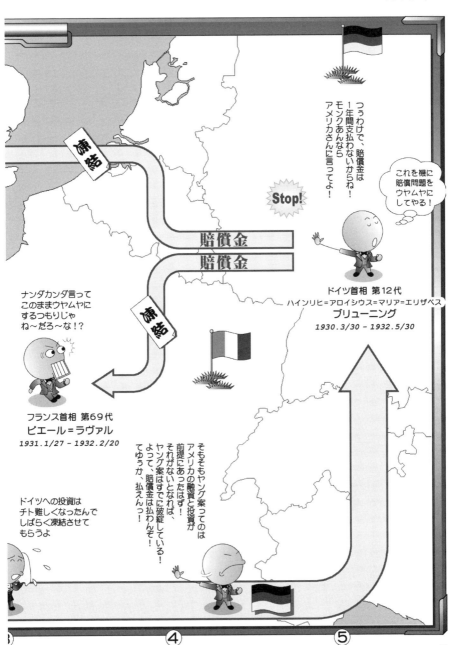

前幕で見てまいりましたように、世界情勢が比較的安定した「戦間期の第２期」（1924〜29年）は、ナチスにとっては"試練の時代"でしたが、翻ってアメリカのＮＹ(ニューヨーク)ウォール街にとっては、たいへんな活況を呈する時期となります。

　いくら好景気となっても、労働者(プロレタリアート)の賃金はほとんど上がらなかった(＊01)のに、「月々15＄(ドル)ほど株式投資すれば、20年後には8万＄(ドル)になる」(＊02)といわれていましたから、猫も杓子(しゃくし)もこぞって株式に投資したため、株価は企業業績を無視して上がりつづけ、そのたった5年間で5倍に跳(は)ね上がるという過熱ぶりでした。

　しかし。
　そんな常軌を逸した株価暴騰(ぼうとう)がいつまでもつづくはずがありません。
　1929年10月24日 木曜日。
　それは始まりました。
　何人(なんぴと)たりとも止(とど)むることのできない大河の流れも、その始まりはたった1滴(てき)の雫(しずく)からです。
　のちに「暗黒の木曜日(ブラックサーズデイ)」として歴史に刻まれることになるこの日も、その始まりはほんとうに些細(ささい)なものでした。
　10時25分。
　ＧＭ(ゼネラルモーターズ)(＊03)の株価がわずかに80￠(セント)ばかり下落したのです。
　たったの「80￠(セント)」。
　しかし、この「80￠(セント)」が"一雫(ひとしずく)"となり、すぐに海を乗り越える巨大津波となって全世界を襲うことになるのです。

（＊01）1919〜29年の10年間の労働者の賃金上昇率はたったの2％でした。

（＊02）実際には、20年どころか、5年で破綻しますが。
　　　　いつの時代でも「うまい話には乗ってはならない」という好例です。

（＊03）アメリカを代表する有名な自動車メーカー。ちょうどこのころからフォード・クライスラーと合わせて「ビッグスリー」と呼ばれるようになっています。

国家でも企業でも、組織が難局に直面したとき、指導者(リーダー)が無能だとその末路は悲惨です。^(＊04)

したがって、この合衆国史上屈指の重大局面にあって、刻(とき)の大統領の器量が歴史を大きく左右することになります。

その人物こそ　Ｈ．Ｃ．フーヴァー。(C-1)
（ハーバート　クラーク）

彼が歴代大統領の中でも屈指の無能^(＊05)であったことは、アメリカにとっても世界にとっても不幸なことでした。

彼は、1929年3月の大統領就任演説で、
── 我がアメリカ合衆国は永遠に繁栄しつづけるであろう！
…と高らかに宣言しましたが、破局が起こったのはそのたった半年後。

後世、「歴史に名を刻むような大事件」であっても、それを生(リアルタイム)で体験した人々がそうとは気づかない ── ということはよくあることです。

ですから、半年前に破局を予測できなかったからといって、それを以(もっ)てフーヴァー大統領を「無能」呼ばわりすることは酷です。

(＊04) 逆に、組織が安定しているときに、その指導者が無能でもさしたる弊害はありません。

(＊05) アメリカ人は歴代アメリカ合衆国大統領の格付けが大好きで、さまざまな立場、さまざまな基準で定期的に歴代大統領のランキングを出していますが、どのランキングでも一貫してフーヴァー大統領は無能大統領として最低クラスに位置づけられています。

しかしながら彼は、それから1年経って景気は悪化の一途をたどっていたにも関わらず、
──何も心配する必要はない！
──繁栄はすぐそばまで来ている！
──経済的諸条件は、根本的に健全である！
…という弁明を繰り返すのみ。
──アメリカ経済は今、風邪を引いたようなものである。
　　風邪を引いたくらいで開腹手術をするバカもいまい？
　　放っておけば治る。
　　それと同じでアメリカ経済も放っておけば治る！
…と言い放ち、なんら有効な対策を講じなかったのは、「無能」の烙印を押されても仕方がないものでした。
　しかし、恐慌発生から2年。
　悪化しつづける経済に、マスコミは大統領を叩き、国民の大統領に対する憎悪は膨らむ一方の中、1930年の中間選挙(＊06)が行われた結果、下院を共和党に奪われてしまいます。
　焦りを覚えたフーヴァー大統領は、ようやく重い腰を上げました。
　それが「フーヴァーモラトリアム」(＊07)(A/B-1)です。
──我がアメリカ経済は断じて健全である！(＊08)
　　しかれども今、アメリカ経済が"風邪をこじらせて"しまった状況にあるのは、アメリカの富がドイツに垂れ流し状態になっているからである！
　ここで彼が言っているのは「資本のメリーゴーランド」(D-1/2)のことです。

(＊06) 大統領選挙の2年後に行われる上下院の改選選挙。
　　　与党がこれに敗れると、大統領任期の後半2年間は半身不随となって身動きが取れなくなってしまうため、大統領はこの選挙に勝つことに必死になります。

(＊07)「モラトリアム」とは、「猶予(or 一時停止)の期間」という意味です。

(＊08) どれほど「事実」を突きつけられようとも、彼はこの信念を絶対に曲げませんでした。

──よって、これより我がアメリカ合衆国は、
　　ドイツへの資本投下を１年間凍結(モラトリアム)する！（D-2)
　これはとんでもない愚策でした。
　経済にとって「資本」とは、人間の体の"血液"に相当するものです。
　世界規模で景気が悪化しているときに、資本投下を一時停止(モラトリアム)するなどという行為は、譬(たと)えるなら、「病状が悪化して血圧も下がってきている重篤患者の大動脈を鉗子(かんし)（*09）でつまむ」行為に等しいものです。
　さきのヤング案は、すべて「アメリカのドイツへの潤沢(じゅんたく)な融資と資本投下」が大前提となって成立したものですから、それがなくなるということになれば、ドイツは約束の賠償金が支払えません。
　そこで、ドイツ首相Ｈ.Ａ.Ｍ.Ｅ.(ハインリヒ　アロイシウス　マリア　エリザベス)ブリューニングは通告します。
「ならば、賠償金は払えませんぞ！
　ヤング案での"前提条件"が破れたのですから、
　ヤング案は無効になったものと心得る！」（*10）(D-4)
　これは至極まっとうな主張でしたので、アメリカもこれを受諾します。

（*09）手術などの際、血管をつまんで血流を止めることなどに用いられる器具。
（*10）Ｈ．ブリューニング首相は、これを機に、賠償金問題をウヤムヤにしたいと考えていました。（A/B-5）

しかし、ドイツからの賠償支払が凍結（B-4）されるということになれば、これをそっくりそのままアメリカへの戦債返却（B-2）に充てていた英（A-2/3）・仏（C-3/4）はびっくり。

「ちょ、ちょっと待て！

それならば、我々もまたアメリカへの戦債返却はできんぞ！」（C-3）

当然です。

こうしてフーヴァーモラトリアムは、世界恐慌後もなんとか回っていた「資本のメリーゴーランド」（D-1/2）という"血流"を自ら止めてしまう"鉗子"となって、さらに世界経済の混乱に拍車をかけた（＊11）だけでした。

そしてそのことは、ヒトラーに「力」を与えることになります。

フランスにつづいて、今度はフーヴァーの無能がヒトラーを育む結果となったのです。

（＊11）大病（大恐慌）に冒されて病院に訪れた患者（世界経済）に対して、それまで「ただの風邪だ、放っとけば治る！」と突き放してきた医者（フーヴァー大統領）が、突如、「風邪をこじらせちゃったようだね？」と大動脈を鉗子でつまんで止めてしまった（フーヴァーモラトリアム）ようなものですから、患者の状態がさらに悪化することは自明でした。

第6章　ナチスの独裁

第2幕

借金棒引きの大サービス
ローザンヌ会議

賠償問題を最終的に解決できたと思われたヤング案であったが、その採択直後に世界大恐慌の勃発で御破算。ドイツはただちに「世界大恐慌の勃発によりヤング案は無効になったものと考える」として賠償支払いを拒否。そこで、事態打開のため、4回目の賠償会議が行われることになった。それがローザンヌ会議である。

「ドーズ案・ヤング案は強要されたものである！ゆえに、賠償支払の全面的中断を要求する！」

ドイツ首相 第12代
ブリューニング

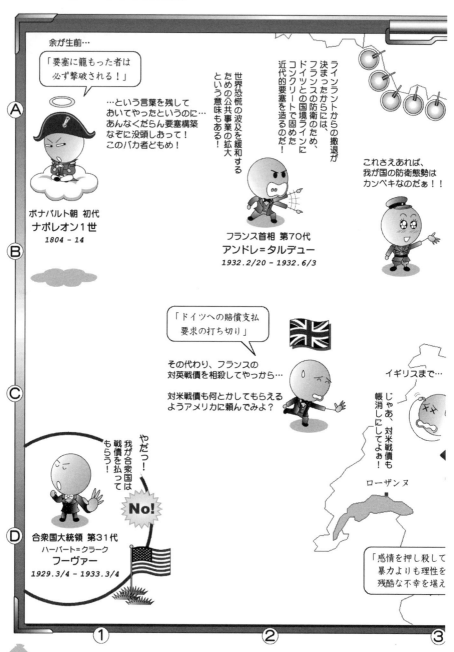

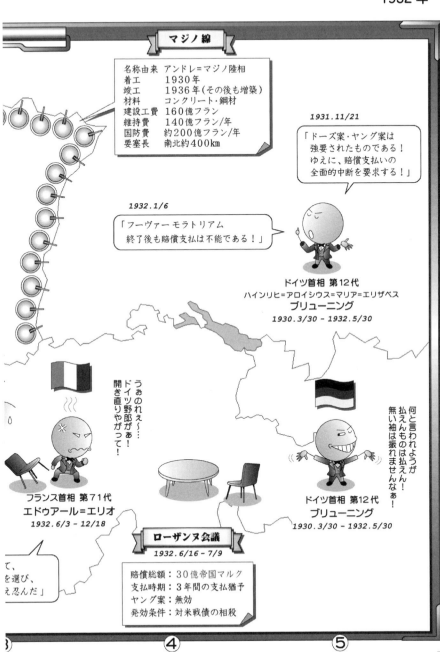

フーヴァーモラトリアムの期限は「1年間」。
　フーヴァー大統領は、
「今回の恐慌は、今まで人類が経験してきたどの恐慌とも質が違う」
「したがって、これまでの常識・経済対策は通用しない」
…という目の前の歴然とした事実をどうしても理解することができず、
──放っておけば治る。
…というあまい見通しを払拭(ふっしょく)することができませんでした。
──な〜に、そう心配せずとも、モラトリアムの期限が明けるころには、
　　　とっくに経済は復興しているさ！
　しかし、フーヴァーモラトリアムが実施されても、世界恐慌の猛威は一向に衰えを見せないどころか、さらに勢いを増すばかり。(＊01)
　もはや、ヤング案の破綻(はたん)は誰の目にも明らか。
　独(ドイツ)首相ブリューニング(B-5)も、フーヴァーモラトリアムの真っ只中において、はやくも、
「ドーズ案・ヤング案は強要されたものである。
　ゆえに、賠償支払いの全面的中断を要求する！」(A-5)
「フーヴァーモラトリアム終了後も賠償支払いは不能である！」(B-4)
…と、このドサクサにまぎれて賠償支払いを拒否する言動を繰り返すようになります。
　そこで、フーヴァーモラトリアムの期限が明けた1932年6月、賠償問題を解決するために関係諸国の全権がローザンヌ(C/D-2/3)に集まりました。
　これがローザンヌ会議(D-4)です。

(＊01) ちなみに、世界恐慌は、フーヴァー大統領の在任期間(1929〜33年)ずっと底なしに悪化しつづけました。無為無策だったのですから当然といえば当然。
　フーヴァーに代わってＦ．Ｄ．ルーズヴェルト大統領が就任し、「ニューディール政策」を打ち出すや、そのころ(33年)からようやく経済の鈍化は底打ち状態となり、2年ほど小康を見せたあと、35年ごろから復興期に入ります。

1921年のロンドン会議、
1924年のロンドン会議、
1929年のハーグ会議につづく4回目の賠償問題を討議する会議です。
会議では、独全権ブリューニングは開き直ります。(C/D-5)
「ない袖は振れぬ！
　賠償金の支払いは不可能である故を以て、その免除を要求する！」(A/B-5)
このドイツのしたたかな態度に、仏全権Eエリオ(C/D-3/4)は怒り心頭でしたが、掩護射撃してくれるはずのイギリスもこれに同調してきます。
── これ以上ドイツを追い詰めては、
　　我々は自分の首を絞めるようなものである。
　　ドイツへの賠償支払要求を打ち切ってやろう！(C-2)
フランスは対米だけでなく対英戦債まで負っていましたが、イギリスはその戦債を放棄してもよいとまで提案します。
それはありがたい話ですが、フランスの戦債は対英より対米の方が圧倒的に多い。
── 対米戦債も帳消しにしてくれるなら…(C-2/3)

こうして、折衝(せっしょう)の結果、以下のように決まります。

- ヤング案は無効とする。
- すでに支払い済み分(＊02)を除いた賠償総額を30億帝国マルク(ライヒス)とする。
- 現在のドイツの経済状態は支払える状態ではないため、3年間は支払いを猶予する。
- 発効条件は対米戦債の相殺。

さすがに賠償金の「全額免除」とはなりませんでしたが、それにしてももともとの総額「1320億金(ゴルト)マルク」だったことを思えば、「30億帝国マルク(ライヒス)」は「98％引き」という出血大サービスの格安です。(＊03)

これに、仏(フランス)首相エリオは不満を隠しませんでした。

── 感情を押し殺して、暴力よりも理性を選び、(＊04)

　　　残酷な不幸を堪え忍んだ。(D-3)

ところが。

一応調印はされたものの、アメリカ議会が「対米戦債の放棄」の部分に難色を示して(D-1)批准(ひじゅん)しなかったため、結局、発効しないまま年が明け、翌1933年1月、ヒトラーが政権を奪取するや、ドイツはこのローザンヌ会議の結果を一方的に破棄してしまいます。

こうして結局、賠償金は支払われず仕舞い。

── 大欲は無欲に似たり ──

…とはよく言ったもので、あまりに欲をかきすぎると、すべてを失うということです。

(＊02) ここまでで45億帝国マルクを支払っていました。

(＊03) ヤング案の「358億帝国マルク」から見ても「92％引き」です。

(＊04) 「ルール出兵のような強硬手段に出なかった」という意味です。

ところで。

世界大恐慌の直後、ヨーロッパがドイツの賠償金問題でモメていたちょうどそのころ。

フランスは、とてつもない大要塞を建設していました。

それこそが、あの有名な「マジノ線（リーニュ）」です。

ドイツとフランスとの国境、南北に約400kmにわたって建設された長大な要塞（A/B-3/4）で、1930年に着工され、36年に竣工(＊05)します。（A-4）

まさに世界恐慌の真っ只中、莫大な対米戦債を抱えて「カネがない」「カネがない」と悶絶し、ドイツの賠償問題を話し合っているその中でフランスは、国家財政を傾けてこのマジノ線（リーニュ）を建設していたのです。

その額たるや、なんと建設費用だけで160億フラン。(＊06)

その維持費が年間140億フランという巨額なものになります。(＊07)

フランスがどれほどドイツを怖れていたかがわかります。

それとて、払った額に見合った働きをしてくれれば報われます。

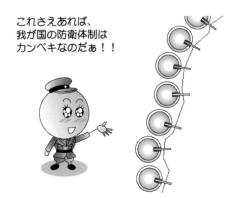

これさえあれば、我が国の防衛体制はカンペキなのだぁ！！

(＊05)「着工」とは工事の始まりを、「竣工」とはその完成を意味します。

(＊06) ドイツの貨幣単位に換算すると、27億帝国マルクになります。

(＊07) 当時のフランスの国防予算が年200億フラン（A-4）であることを考え合わせると、この維持費年140億フランというのが如何にメチャクチャな数字かということがわかります。

しかし。

これほどの犠牲を払って建設したマジノ線(リーニュ)は、実際に第二次世界大戦が勃発するや、これっぽっちも役に立たずに終戦を迎えます。

あまりにも役立たずだったため、今日でもフランスでは「役立たず」のことを指して「マジノ線(リーニュ)かよ！」というツッコミとして使われるくらいです。

フランスといえば、あの皇帝ナポレオンを輩出したお国柄。

彼は生前、

── 要塞に籠(こ)もる者はかならず撃破される。

…と言っていたものです。

その教えを無視した結果がこのザマでした。

ボナパルト朝 初代
ナポレオン1世

余が生前…
「要塞に籠もった者は必ず撃破される！」
…という言葉を残しておいてやったというのに…あんなくだらん要塞構築なぞに没頭しおって！このバカ者どもめ！

ドイツとの国境ラインにコンクリートで固めた近代的要塞を造るのだ！

フランス首相 第70代
アンドレ＝タルデュー

第6章　ナチスの独裁

第3幕

大恐慌を糧にして
ナチスの大躍進

戦間期の第2期にはジリ貧状態に陥っていたナチスだったが、世界大恐慌を恵みの雨として、急速に党勢を拡大。恐慌後、初の総選挙では第二党に躍進！さらに32年の総選挙では夢にまで見た第一党に上り詰めることに成功。しかし、ヒンデンブルク大統領に嫌われていたヒトラーは組閣することが叶わなかった。

ドイツ大統領　第2代
ヒンデンブルク

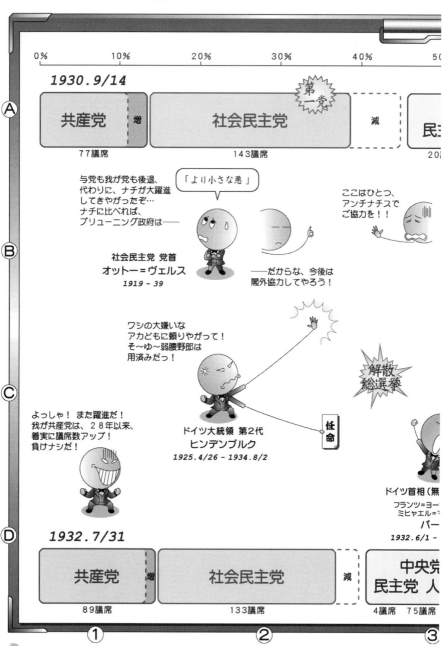

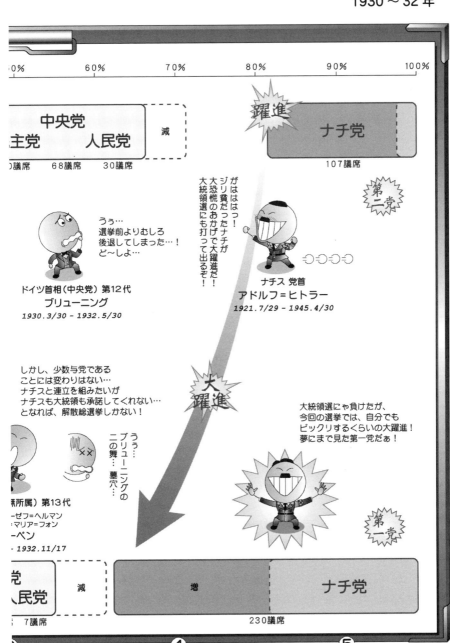

世界大恐慌という"大津波"がドイツを猛威を振るうや、国民の不満の矛先は政府に向かい、1930年3月、H.ミュラーの社会民主党政権は倒れました。

　そこで次の政権を担わせるべく、ヒンデンブルク大統領によって白羽の矢が立てられたのが、すでに前幕・前々幕で登場している中央党のH．A．M．E．ブリューニング(B-3/4)です。

　とはいえ、中央党はわずか62議席(第三党)にすぎなかったため、単独与党というわけにはいかず、比較的政見の近い民主党・人民党・経済党などと大連立を組まざるをえません。(A-3/4)

　"寄り合い所帯"でただでさえ不安定なのに、さらに具合の悪いことに、この連立与党が束になっても、社会民主党単独の議席数にも満たない(＊01)という有様。

　これではブリューニング、まるで身動きができません。

　そこでヒンデンブルク大統領は、ただちに解散・総選挙を決意します。

ドイツ首相 第11代
ヘルマン＝ミュラー

ドイツ首相(中央党) 第12代
ブリューニング

(＊01) 中央党62議席・民主党25議席・人民党45議席で、これらを足しても132議席。
　　　社会民主党の153議席に遠くおよびませんでした。
　　　詳しくは、「第5章 第5幕」のパネル(C-2/3/4)を参照のこと。

選挙で第一党の社会民主党を引きずり下ろし、与党を躍進させ、これを安定政権とするためです。

然（しか）して、その結果は。

ヒンデンブルク大統領の目論（もくろ）み通り、たしかに社会民主党は大きくその議席を減らしました。(＊02)(A-2)

ところが。

想定外だったことは、中央党ら連立与党がそれ以上に議席を減らしてしまったこと。(＊03)

世界恐慌で苦しむ中、中産階級がごっそりナチスに、下層階級が共産党（コミュニスト）に走ってしまい、ナチスが第二党(＊04)、共産党（コミュニスト）が第三党(＊05)へと大躍進を遂げ、その差は縮まるどころかもっと開いてしまったのです。(A-3/4)

これはヒンデンブルクの大誤算！

これにより、総選挙をした意味がなかったどころか、事態は選挙前よりずっと悪化してしまいました。

うぅ…
選挙前よりむしろ
後退してしまった…！
ど〜しよ…

ドイツ首相（中央党）第12代
ブリューニング

がはははっ！
ジリ貧だったナチが
大恐慌のおかげで大躍進だ！
大統領選にも打って出るぞ！

ナチス 党首
アドルフ＝ヒトラー

(＊02) 社会民主党が153議席から143議席の10議席減。

(＊03) 連立三与党が132議席から118議席の14議席減。

(＊04) ナチスは12議席から107議席の95議席増。

(＊05) 共産党は54議席から 77議席の23議席増。

　ナチスといえば、「ヴァイマール共和国を滅ぼせ！」と叫ぶような過激な連中です。
　狼狽した中央党ブリューニング首相は、政敵である社会民主党に働きかけます。(B-3)
── ここはひとつ、「反ナチス」ということで共同戦線を張ろうではないか。
　ここで我々がいがみ合えば、ナチスが漁夫の利を得るだけであろう。
　なるほどその通り。
　この要請に対し、社会民主党の党首 O.ヴェルス(B-1/2)も、
──"より大きな悪(ナチス)"と戦うためには、
　　"より小さな悪(中央党)"に協力することも致し方なし。
…として閣外協力(＊06)を受け容れます。
　こうして、中央党と社会民主党の対立は、"共通の敵ナチス"の存在によって歩み寄りが得られたのですが、せっかく生まれた協力態勢に不満タラタラだっ

(＊06) 内閣には入閣せず、立場としてはあくまでも野党でありながら、しかし通常の野党とは違って内閣への協力は惜しまない ── というもの。

たのがヒンデンブルク大統領。

　彼は大のアカ（＊07）嫌い。

──社会民主党ごときアカにすがるとは何事か！

　しかしながら。

　ブリューニング政権は哀しい少数与党の身なのですから、好むと好まざるとに関わらずそうせざるを得なかったのに、もはやこのころのヒンデンブルク大統領にはそうした道理もわからなくなっていました。（＊08）

　1932年5月29日、ヒンデンブルクはブリューニングを呼びだし、

「今後は右翼政治を行え！」

「左翼勢力とは手を切れ！」

…と無理難題を要求したため、ブリューニング内閣は翌30日に総辞職。

　こうして、つぎに白羽の矢が立てられたのがF．J．H．M．M．フォン=パーペン（C/D-3）でした。
（フランツ・ヨーゼフ・ヘルマン・ミヒャエル・マリア）

　彼は当時まったく無名の小人物。

「この非常時に、なんであんな小者を！

　あやつは人の上に立つような人物ではありませんぞ！」

　こうした声に対して、大統領の懐刀であったK．F．F．H．フォン=シュライヒャーは答えます。
（クルト・フェルディナント・フリードリヒ・ヘルマン）

──だからこそだ。

　　人の上に立つような人物では困る。

　　あいつは私の"帽子"のようなものだ。

　つまり、「小者を意のままに操って実権を握り、失政でもすればすぐにこいつを脱ぎ捨てて、他の"帽子"にかぶりなおせばよい」ということです。

（＊07）共産主義者や社会主義者などの左翼勢力を政敵などが見下していうときの言葉。

（＊08）このとき彼は御歳84歳。老衰はなはだしく、意識不明の重体に陥ったこともあり、周りからは老人性認知症も疑われていました。

パーペンは自分が首相になりたいばかりに不義(＊09)を行ったため、所属政党の中央党から除名されて無所属の首相となってしまい、政権は弱体きわまりありません。
　そこで彼もまた、起死回生を狙い、7月31日、解散総選挙（D-1）に打って出ます。
　しかし。
　フタを開けてみればなんと、ナチスが議席数を107から一気に230に伸ばすという"ナチスのひとり勝ち"状態。
　こうしてヒトラーは夢にまで見た第一党へと躍り出たのです。（D-4/5）
　あとはもう、首相まで一直線……と思いきや。

ドイツ首相（無所属）第13代
パーペン

ナチス 党首
アドルフ＝ヒトラー

（＊09）パーペンは、中央党党首のルートヴィッヒ＝カースと「首相を辞退する」旨の約束を取り交わしておきながら、一方的にこれを反故にして首相になりました。
　　　野球で譬えれば、知る人ぞ知る「桑田・清原ドラフト事件」のようなものです。
　　　この不義により、桑田選手はあらゆる方面から総スカンを喰らいましたが、パーペンもまた四面楚歌となり、身動きできない状態となります。

第6章　ナチスの独裁

第4幕

共産党躍進の末に
ヒトラー内閣の成立

ヒトラーを毛嫌いしていたヒンデンブルク大統領はなんとしてもヒトラー内閣を阻止せんと、強引にパーペンに組閣させるが、そのことが共産党の躍進を招いてしまう。事態の深刻さに驚いた軍部・資本家(ブルジョワ)は、大挙してナチスを支持し、大統領に圧力をかけ、これによりついにヒトラー内閣の成立を見ることとなった。

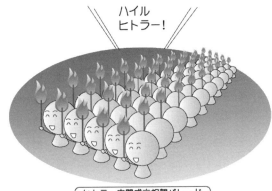

ハイルヒトラー！

ヒトラー内閣成立祝賀パレード

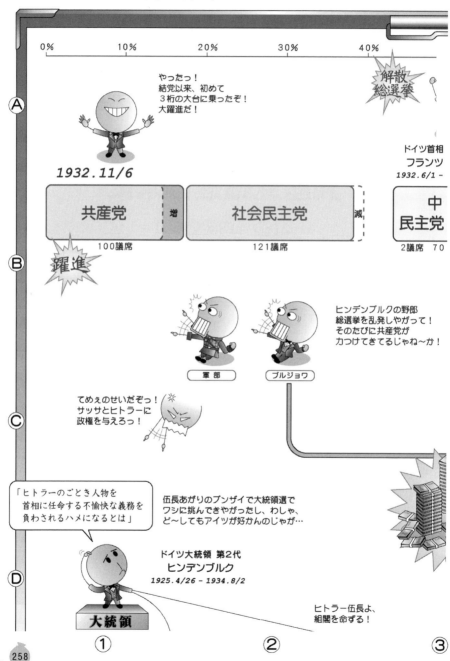

第4幕 ヒトラー内閣の成立

1933年

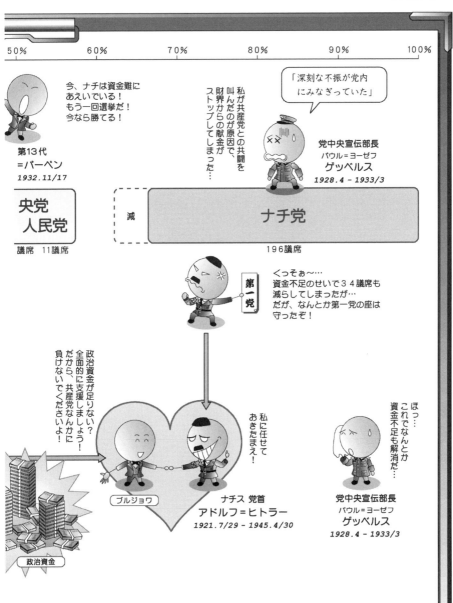

E

F

G

1933.1/30 – 7/8
国民革命

「ナチス革命」とも。
ヒトラーを中心とする独裁的な「国民政府」を樹立しようとするもの。
ミュンヘン一揆でも唱えたが失敗。

H

① ② ③

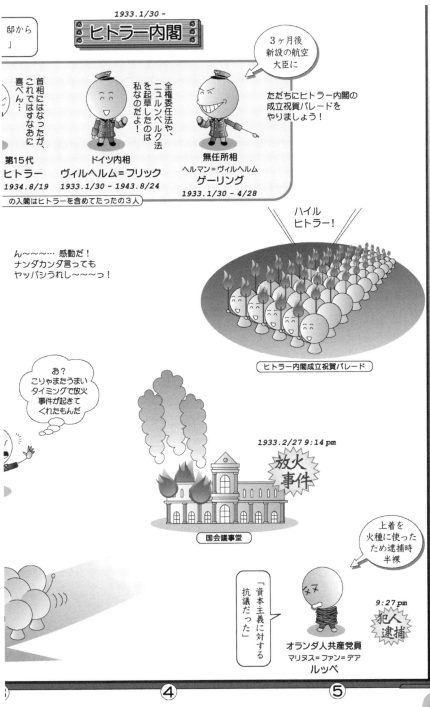

歴史的大勝利を得て、ナチス党内は歓びと活気に満ちあふれていたかと思いきや、じつは通夜(つや)のような状態となっていました。

当時、宣伝部長のＰ．Ｊ．ゲッベルス(バウル ヨーゼフ)(＊01)(A-5)がこのころのナチス党内の雰囲気をこう述べています。

―― 深刻な不振が党内にみなぎっていた。

第二党(社会民主党)に100議席近い圧倒的差をつけての大勝利の直後だというのに、いったいどうしたことでしょうか。

その原因のひとつが、全議席の38％をも占める第一党となりながら、ヒトラーが夢にまで見た首相になれなかったこと。

通常であれば、「第一党の党首」が大統領から首相に任ぜられるものですが、ヒトラーはヒンデンブルク大統領から忌(い)み嫌われていた(＊02)ため、大統領からの首相指名がありません。

選挙が明けて10日も経ってからようやく大統領の懐刀シュライヒャーに呼びだされたと思ったら、言うに事欠いて、

「ヒトラー君には"副首相"をお任せしたい」

ヒトラーは激怒して席を蹴ります。

―― さんざん待ちぼうけを喰らった挙句、この私が"副首相"だと！？
　　ナメやがって！

その後、ヒンデンブルク大統領自身とも会談に臨みますが、やはり決裂。

大統領は陰で「ペンキ屋風情(ふぜい)にビスマルクの椅子を与えてなるものか！」と口走るほどでしたから、これほど大統領に嫌われては、第一党であろうがなかろうが、ヒトラーが首相になることは夢物語。

(＊01) ヒトラー自身を初代とする宣伝部長の3代目。「プロパガンダの天才」と呼ばれた人物。ちなみに、彼の名を「ゲッペルス」と表記してある本が散見されますが、「ペ(pe)」ではなく「ベ(be)」の間違いです。

(＊02) ヒンデンブルクはヒトラーのことを「ボヘミアの伍長」「詭弁師」「煽動家」「チョビひげ野郎」「ペンキ屋」とあらんかぎりの蔑称で呼び、感情的に毛嫌いしていました。

第4幕　ヒトラー内閣の成立

　もうひとつの原因はゲッベルスの失策でした。
　今回の選挙では歴史的大勝利を得たとはいえ、過半数304議席には遠くおよびません。
　このときナチスに次いで躍進したのが共産党（コミュニスト）でしたが、その議席数89議席を加えれば、一気に過半数を超えることになります。
　そこで、ゲッベルスは考えました。
　――共産党（コミュニスト）と手を組めば、一気に政権を獲れる！
　しかし、こうした動きに驚いたのが、これまでナチスに資金援助してきた資本家（ブルジョワ）たち。
「ナチスは共産党（コミュニスト）どもと組む気か！？　冗談じゃねぇぞ！？」
「俺たちゃ、アカどもと手を組ませるためにナチスを支援したんじゃねぇ！」
　共産党（コミュニスト）と資本家（ブルジョワ）は不倶戴天の敵（＊03）。

（＊03）出典は『礼記』。書き下すと「倶（とも）に天を戴かず」。
　　「一緒にこの世に生きることはできない。どちらかが死ぬまで戦いつづける」の意。
　　共産主義者は資本家から財産を奪うことを理想として掲げ、資本家は自分の財産を守ることに命を賭けますから、まさに「不倶戴天」です。

　怒り心頭の資本家（ブルジョワ）はナチスへの献金を一斉にストップ！
　これが選挙後にナチスが著しい資金難に陥った原因でした。
　これを傍目（はため）に見ていたパーペン首相は一考。
――現在のナチスの資金難の深刻さは尋常ではない。
　　今このタイミングでもう一度総選挙をやれば、
　　選挙資金を調達できないナチスは大幅に議席を減らすに違いない！
　どうせ右から左から不信任案を受けて崩壊寸前だったこともあり、パーペンは解散総選挙に打って出ます。（A-3）
　その結果。
　案の定、財政難のナチスは思い通りのキャンペーンを張ることができず、34議席も減らしてしまいました。（B-4）
　しかし。
　さきの総選挙からわずか3ヶ月の期間（インターバル）で立てつづけに総選挙を実施したことは、ナチス以外の政党にとっても資金繰りが厳しく、フタを開けてみれば、社会民主党・中央党・民主党など、ナチス以外の主要政党も軒並み議席数を減らすという有様だったため、ナチスは第一党の地位を死守。（B-4）
　こうした状況の中、ほとんど唯一（*04）躍進（と）を遂げたのが共産党（コミュニスト）。（B-1）
　これには軍部・資本家（ブルジョワ）ら右勢力がショック！（B/C-2）
「選挙のたびにアカどもが躍進しているではないか！」

第4幕　ヒトラー内閣の成立

　こうして狼狽した資本家(ブルジョワ)たちがふたたびナチス支援に回ってくれたため、ナチスの資金難が解消された(C/D-4)のですから、世の中何が幸いするかわかりません。
「これからは全面的に支援(バックアップ)させていただきますので、今後ともよしなに」
　軍部も動きます。
「大統領閣下！
　あなたが素直に"第一党"となったヒトラーを首相に任じていれば
　こんなことにはならなかったのだ！
　ただちにヒトラーを首相に任ずるよう！」(C-1)
　総選挙後、野に下っていたパーペンもヒトラーの力を利用して首相に返り咲こうとヒンデンブルクを説得します。
　こうして各方面から説得されたヒンデンブルクは、ついに重い腰を上げることになりました。
――ヒトラーのごとき人物を首相に任命する、
　　このような不愉快な義務を負わされるハメになるとは！(C/D-1)

(＊04)泡沫政党の微増を除く。

1933年1月30日、ついにヒトラー内閣(E-4)は生まれました。
　とうとうヒトラーが夢にまで見た、初代帝国宰相ビスマルクから脈々とつづく共和国首相の地位(＊05)に就いたのです。
　彼は首相として官邸へと向かう車中、専属運転手のE．ケムカ(＊06)に向かってその"決意"のほどを吐露したといわれています。
――なぁ、ケムカ君。
　私はね、生きてこの官邸から出るつもりはないよ。(D/E-3)
　私がここを出るとき、それは私が骸となっているときだけだ。(＊07)
　ムッソリーニと違い、合法的にこの地位まで這い上がってきたヒトラーですが、合法的に退陣しようなどという気はさらさらなかったようです。
　粛々と宣誓式が執り行われたあと、その日の夜に挙行された「内閣成立祝賀パレード」(F-5)で、彼は首相になれた歓びを表現します。
　ブランデンブルク門から首相官邸のあるヴィルヘルム通りまで、鉤十字旗を振りながら謳い叫ぶ人々と松明の灯りが、深夜まで延々とつづきました。

(＊05) じつは、日本語では訳し分けられることの多い帝国時代の「帝国宰相」も共和国時代の「共和国首相」もドイツ語では同じ「Reichskanzler(ライヒスカンツラー)」です。
　これは、ドイツ語の「Reich(ライヒ)」には帝国・共和国の区別がない「国」という意味しかないため。

このパレードを官邸から満足げに見下ろしていたヒトラーでしたが、彼の前にはまだまだ試練が待ち受けていました。
　ヒトラーを忌み嫌うヒンデンブルク大統領が、この"ペンキ屋風情"が身動きできないよう、がんじがらめに工作しておいたためです。
　まず、ナチスから入閣が許されたのは、
- 首相　　Ａ．ヒトラー（E-3）本人に加え、
- 内相　　Ｗ．フリック（E-3/4）と、
- 無任所相 Ｈ．ゲーリング（E-4/5)のたった３人のみ。

　そのうえ、副首相には大統領お気に入りのＦ．パーペン(E-2)が"お目付役"のように配され、残りの大臣もヒンデンブルク子飼いの政治家（E-1）ばかりという有様。
　これでは、「ヒトラー内閣」など名ばかり。

ヒトラー内閣

「私は生きて首相官邸から出るつもりはない」

首相にはなったが、これではすなおに喜べん…

ドイツ首相 第15代
アドルフ＝ヒトラー

全権委任法や、ニュルンベルク法を起草したのは私なのだよ！

ドイツ内相
ヴィルヘルム＝フリック

無任所相
ヘルマン＝ヴィルヘルム
ゲーリング

ナチスからの入閣はヒトラーを含めてたったの３人

(＊06) 戦後、彼は「ヒトラーの遺体にベンジンをかけ、火を放ったのは私だ」と証言しています。それが真実かどうかは不明ですが。

(＊07) 事実は、彼の言葉通りとなりました。

右は「これならヒトラーを飼い慣らせるだろう」とほくそ笑み、
左は「こんな弱体内閣すぐにツブして、つぎこそ我々の出番だ！」と皮算用。
本来、首相を支える立場のはずの副首相パーペンも
「ヒトラーなど２ヶ月以内に追い詰めて、ギャフンと言わせてみせよう！」
…と豪語する有様。

　この政権がこれから12年間におよぶ長期政権となり、世界を巻き込む大戦争を引き起こすことになろうとは、このとき誰ひとりとして夢想だにできなかったことでしょう。(＊08)

　ヒトラー自身もこのままでは短命に終わると感じていましたから、首相就任早々、彼は手を打ちます。
　──ただちに本議会を解散する！
　　　これから１ヶ月後、３月５日に総選挙を執り行う！（F-2）
　過ぐる年1932年の７月と11月に立てつづけに総選挙をしたばかりで、それからまだ３ヶ月しか経っていないというのに、また１ヶ月後に総選挙をやるというのですから、尋常ではありません。

ドイツ副首相
フランツ＝パーペン

ドイツ首相　第15代
アドルフ＝ヒトラー

(＊08) 1917年、レーニンが「十一月革命」を達成した当時の市民の言葉を想起させます。
　　　「おい、聞いたか？　ボルシェヴィキが政権を獲ったんだってよ？」
　　　「ははは！　あんな政権、どうせ３日と保つまいよ！」
　　　しかし、ボルシェヴィキ政権はそれから70年もつづくことになります。

各政党は財政難に悲鳴を上げつつも、否応なく選挙活動に入ります。

ちなみに、このときナチスが「反対派集会への殴り込み、対立候補の選挙ポスター剥がし（H-1/2）などの"不法行為"を公然と行った」と非難されることがあります。

しかしながら、そんなことは当時どこの政党でも多かれ少なかれやっていたことで、殊更ナチスだけを取り上げてこれを非難することは片手落ちといえるでしょう。

それよりも、そんな"不法"がまかり通った当時の選挙体制、それを支持した国民(＊09)の方が問題ですが、それとて当時の政治・社会・経済情勢の産物ですから、誰も責めることはできません。

(＊09) 現代日本の価値観からは信じられないことですが、当時のドイツ国民は、そうした暴力行為に対して国民が「頼もしい」と喝采を送り、暴力に敗れた政党に対して「情けない」と見限る風潮がありました。そういう社会背景があったればこそ、ナチスも暴力行為に走ったのであって、もし国民が暴力に嫌悪感を持つなら、ナチスだって暴力に訴えるはずがありません。選挙に負けてしまいますから。

ところで、そんな選挙の真っただ中、選挙が目前に迫った2月27日の夜、事件は起こりました。

突如として国会議事堂に火の手が上がったのです。

容疑者はその場で取り押さえられ、すぐに自供。

「資本主義に対する抗議だった」(H-4/5)

捜査の結果、警察当局はこのM．ルッベ(マリヌス)(H-5)の単独犯と断定しました(＊10)が、ヒトラーはこれを「共産党の組織的犯行」と決めつけ、

── あれは共産党員(コミュニスト)どもの革命開始の合図であった！(G-2)

共産党員(コミュニスト)どもはカタッパシから吊し首だ！

…として、共産党(コミュニスト)の弾圧に入ります。(H-1)

こうして、放火事件の混乱のうちに選挙は挙行されることになりました。

(＊10) ただし「真犯人」が本当にこのルッベなのかどうかは現在まで判然としません。ゲッベルスの謀略だという説もあり、実行犯がルッベであるにしても本当に単独犯行なのか、背後関係があるのか。すべては闇の中です。

第6章　ナチスの独裁

第5幕

ヴァイマール憲法の葬送
全権委任法の制定

ヒトラーは、単独過半数・連立2/3を獲得するべく、組閣直後に総選挙を実施するも、目標にわずかに届かなかった。そこで選挙運動中の国会議事堂放火事件を口実に共産党を非合法化し、その議席を剥奪することで目的を達する。少々強引ではあったが、こうしてヒトラーは「全権委任法」を通すことが可能となった。

非合法化

い〜〜〜〜っ！

議席剥奪

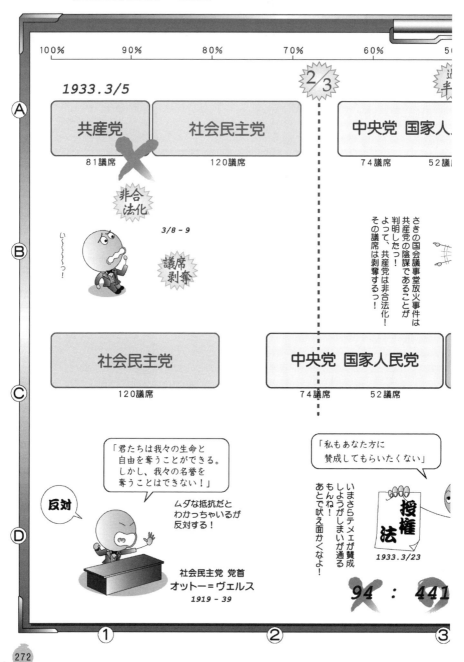

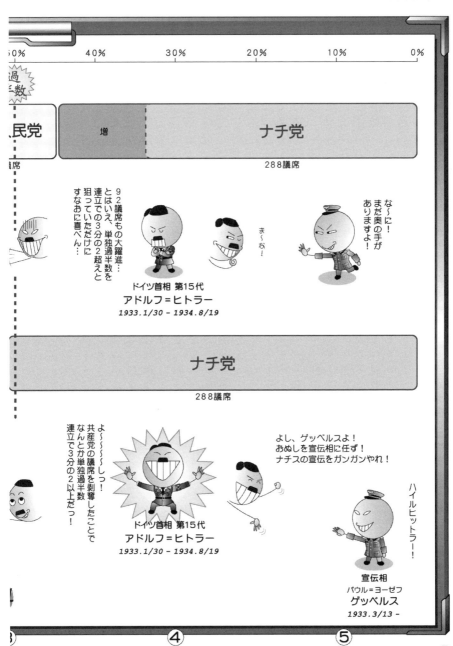

こうした情勢の中で、3月5日、総選挙の日を迎えます。
　選挙の結果、ナチスは改選前196議席から288議席へと、大幅な党勢拡大を図ることができました。(A-4)
　しかし。
　この"大躍進"をさぞやヒトラーは喜んだかと思いきや、彼はこの結果にたいそうなご立腹。
──こんな数字では話にもならんわ!!
　じつは。
　今回の総選挙はヒトラーに期するところがあり、「単独過半数」「中央党・国家人民党などとの連立で2/3」を狙っていました。
　そのためには「憎っくきユダヤ人ですら味方につけねば」とばかり、自ら「ユダヤ批判」すら封印してまで臨んだ選挙戦だったのです。
　にも関わらず、フタを開けてみればこの結果。
　単独では、全体の45％ほどでわずかに過半数に届かず、(A-3)
　連立では、全体の64％ほどでわずかに2/3に届かず。(A-2/3)(＊01)
　ヒトラーにしてみれば、この数字は"敗戦"でした。

(＊01) 過半数を取るためには323議席が必要で、あと35議席足らず、
　　　 2/3を取るためには432議席必要で、あと18議席足りませんでした。

――くそ！　これでは全権委任法を通すことができぬ！

そこで、ヒトラーは"反則技"に出ます。

――そうだ！
　選挙運動のまっただ中に起こった国会放火事件の犯人はアカだったな！
　調査報告書によると、ヤツの単独犯行のようだが、構うものか！
　捜査の結果、黒幕は共産党だったということにしろ！

こうして、総選挙が終わった3日後、

「先日の国会議事堂放火事件の黒幕が共産党(コミュニスト)であることが判明した！
　よって、選挙違反により共産党(コミュニスト)の議席を無効とする！」(B-3)

…と発表、共産党(コミュニスト)を非合法化し、その議席を剝奪(はくだつ)してしまいます。(B-1)

こうして、全議席数が647から566議席に減ることで、これを母数として計算しなおすと、ナチスは単独過半数(C-3)、連立で2/3(C-2)を達成することができます。(＊02)

ヒトラーが「2/3」にこだわったのには理由がありました。

2/3を獲得すれば、どんな法案も通すことができるからです。

たとえ憲法に抵触する法案ですら。

92議席もの大躍進…
とはいえ、単独過半数と
連立での3分の2超えと
狙っていただけに
すなおに喜べん…

ドイツ首相 第15代
アドルフ＝ヒトラー

ま～な！

な～に！
まだ奥の手が
ありますよ！

(＊02)　全566議席で計算しなおすと、284議席で過半数、378議席で2/3に達します。ナチスは単独で288議席、連立で414議席でしたから、これで目標を達成できました。

そこで、さっそくヒトラーが議会に提出したのが「国民と国家の窮状を除去するための法」、所謂「全権委任法(授権法)」(D-3)です。
　しかし、すでに連立2/3を取っているヒトラーにとって、敵などいません。
　これに対してまともに反対演説をしたのは、社会民主党の党首O.ヴェルスくらいのものでした。(*03)
「暴力からは何も生まれないと知れ！
　我々がナチスから被った迫害を鑑みれば、本法案に賛成できるはずがない！
　およそ批判とは有益なものであり、ナチスはこれを甘受すべきである！」
　一聴すると、たいそう立派ですばらしい言葉を述べているように聞こえますが、じつのところ、まるで説得力のないものでした。
　ヴェルスが他人事のように批判した「暴力」「迫害」「批判圧殺」こそ、彼ら社会民主党自身が第一党だったころさんざんやってきたことだからです。(*04)
　ヒトラーはただ"ブーメラン"を返すだけで、容易に彼を論破することができました。

「君たちは我々の生命と
自由を奪うことができる。
しかし、我々の名誉を
奪うことはできない！」

ムダな抵抗だと
わかっちゃいるが
反対する！

社会民主党　党首
オットー＝ヴェルス

「私もあなた方に
賛成してもらいたくない」

授権法

(*03) そういえば、ムッソリーニが独裁権を握る際にも、ただひとりマッテオッティ議員だけが反対演説をしていましたし(第2章 第3幕)、ナポレオンが皇帝に即位する際も、議員の中でただひとり、R.カルノーだけが反対演説をしています。
　どれほど圧倒的多数といっても、全会一致などまずあり得ないということを示しています。

――暴力？　迫害？

　我々が野党時代、お前の言う「暴力」「迫害」とやらを、お前たちからどれほど被(こうむ)ってきたことか。

　批判を甘受せよ？

　機関新聞の発行禁止、集会禁止、演説禁止……。

　お前たちこそが、これまでさんざん批判圧殺を繰り返してきた張本人ではないか。

　これにはヴェルスも返す言葉すらありません。

「我々から生命と自由を奪うことはできても名誉を奪うことはできんぞ！」

　せめて"言葉の響きこそよいけれども論点のズレた負け惜しみ"を返すのが精一杯。

　これに対してヒトラーはこう突き放します。

――別段私もあなた方に賛成してもらおうとは思わん！（C/D-2/3）

　どうせ社会民主党が挙党一致で反対したところで結果は変わりませんから。

　フタを開けてみれば、賛成441票に対し、反対はわずかに94票。

　その94票すべてが社会民主党でしたが、社会民主党の議席数は120でしたから、社会民主党議員の中からですら賛成票を投ずる造反者が続出したことになります。

　圧倒的多数で法案を通すや、クロールオペラ劇場(＊05)には党歌『旗を高く掲げよ』(ディー・ファーネ・ホー)が響き渡りましたが、これは同時に"ヴァイマール憲法の葬送曲(レクイエム)"でもありました。

　こうして「全権委任法（授権法）」が成立するや、ヒトラーはこれまで一気におのれの"理想"を実現するべく動き出します。

（＊04）さきにも触れましたが、政治における「暴力」「迫害」「批判圧殺」など、当時、ナチスに限らずどこの政党でもやっていることでした。

（＊05）国会議事堂が放火で焼け落ちたのち、臨時で国会が開催されていた建物。

Column 国家社会主義

　ナチス党名の中にある「国家社会主義(ナチオナル ゾチアリスムス)」という政治理念(イデオロギー)を説明することはなかなか難しい。

　まず第一に、原語の「national(ナチオナル)」という概念に相当する日本語が存在しないため、そもそも言葉の理解の段階で日本人は躓(つまず)きます。

　敢(あ)えて日本語で近い概念を探せば、「国家」「国民」「民族」などを融合させたような言葉ですので、書物によって「国民社会主義」「民族社会主義」と表記にブレが生じるのはそうした理由です。

　さらにややこしいことに、「国家社会主義」と日本語に訳されるものには、原語では「National Socialism」と「State Socialism」の2つがあって、これまたそれぞれ概念が違います。

　たとえ同じ「National」の方の国家社会主義であっても、それを標榜する人によって、これまた大きく理念が異なるため、「誰が標榜している国家社会主義(ナショナル ソシアリズム)か？」も考えあわせなければなりません。

　これらを混同して、よく「国家社会主義だからナチスは左である」という主張が散見されますが、事はそう単純な問題ではない、ということです。

　いろんな人が主張している「国家社会主義(ナショナル ソシアリズム)」の中には、たしかに「左」の思想もありますが、だからといって、それを十把一絡(じっぱひとから)げにしてヒトラーが主張した「国家社会主義(ナチズム)」も「左」と断じてよいという単純な問題ではないのです。

　そもそも複雑怪奇で多次元的な存在である政治理念(イデオロギー)を、「右か左か」という一次元的ものさしに単純化(シンプル)すること自体に無理があるのですが、敢(あ)えてどっちか選べと言われれば、ヒトラーの場合は「社会主義(ゾチアリスムス)(左)を装った国家主義(ナチオナリスムス)(右)」と考えた方がよいでしょう。

　あくまで主体は「国家主義(ナチオナリスムス)」であって、「社会主義(ゾチアリスムス)」の方は便法にすぎませんので、やはり「右」と理解した方がナチスの本質に近いものといえるでしょう。

第6章 ナチスの独裁

最終幕

国民革命は終わった！
ナチス独裁体制の成立

ついに「全権委任法」を通したヒトラーは、本格的にあの恐ろしい「強制的同一化(グライヒシャルトゥング)」政策を推進していく。首相に就任してからわずか半年にして「ナチス革命」は成り、こうして「第三帝国(ドリッテスライヒ)」は成立した。ここからは、岩が崖を転げ落ちるようにして、第二次世界大戦まで驀進(ばくしん)することになる。

〈ナチス独裁体制の成立〉

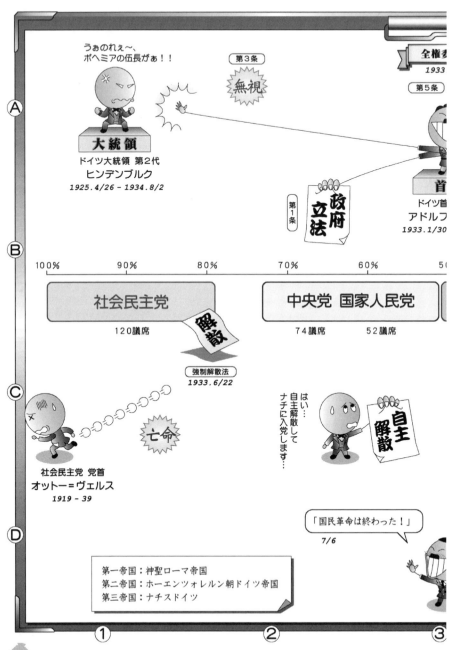

最終幕　ナチス独裁体制の成立

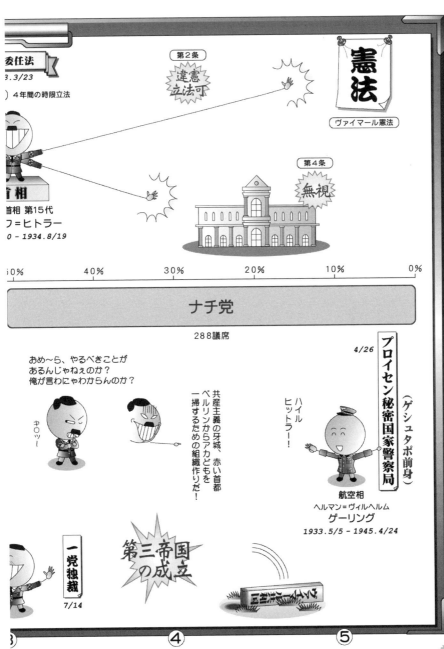

ヒトラーが共産党に濡れ衣を着せてまで押し通そうとした「全権委任法」とは、如何なるものだったのでしょうか。
　それは全5ヶ条からなり、要約すると、以下のような感じになります。

第1条　立法権を政府（ヒトラー内閣）に認める。	（B-2）
第2条　第1条で定められた政府立法は憲法に優越する。	（A-4/5）
第3条　同じく政府立法は大統領権限に優越する。	（A-1/2）
第4条　外国と条約を締結する際、議会の承認を必要とせず。	（B-4/5）
第5条　本法律は4年間の時限立法とする。	（A-3）

　要するに、「4年間の時限立法(*01)ながら、ヒトラー政権は、議会も、大統領も、そして憲法すら無視して独裁政治をしてよい」というものです。

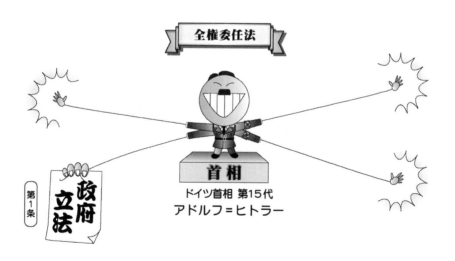

ドイツ首相　第15代
アドルフ＝ヒトラー

(*01) そういえば、ムッソリーニも、まずは国王から「1年間の時限独裁権」をもらったのを足がかりとして一党独裁を勝ち得ていますし（第2章 第3幕）、ナポレオンもまずは「任期のある第一統領」という地位を足がかりとして帝位へと昇り詰めています。
　　　独裁への階段の第一歩が「時限付き」ということでしょう。

「時限立法」など、立場を決めかねている浮動票を味方に取り込むための方便にすぎず、こんなものは期限がくれば延長すればよいだけのことです。(＊02)

念願の「全権委任法」を手に入れたヒトラーは、いよいよ己の理想を実現に移すべく、具体的に動きはじめます。

ヒトラーはこれまで、
—— Ein Volk　Ein Reich　Ein Führer ——(＊03)
（アイン　フォルク　アイン　ライヒ　アイン　フューラー）

「混血こそが死滅の原因である！
ひとつの民族は、ひとつの国家によって構成され、ひとりの指導者（フューラー）によって導かれ、ひとつの政治理念・ひとつの体制・ひとつの思想を以て同質化・均一化・純血化されなければならない！」(＊04)

…と叫んできましたが、いよいよそれが政策に反映されていきました。それがあのおそろしい「強制的同一化（グライヒシャルトゥング）」です。

4月26日、まずは手始めに、H．ゲーリング（ヘルマン）に「プロイセン秘密国家警察局（ゲハイメシュターツポリツァイアムト）」(C/D-5)を創設させます。

(＊02) 実際、そうしました。
(＊03) 「ひとつの民族、ひとつの国家（帝国）、ひとりの指導者（総統）」の意。
(＊04) 「同一の血は単一の共通国家に属する」(A．ヒトラー)
　　　 「ナチスはヒトラーであり、ヒトラーはドイツであり、ドイツはヒトラーである！」(R．ヘス)など、この主張に付随する言葉はあとを絶たない。

当時のベルリンは「赤いベルリン」との異名を持つほど共産勢力が強く、彼らを一掃するためでした。(C-4)

この組織がのちに全国化していくと、「プロイセン」と「局〔アムト〕」が取れて「秘密国家警察〔ゲハイメ シュターツポリツァイ〕」(＊05)となり、これが以後のナチスの思想統制の尖兵となっていきます。

6月22日、その返す手で「社会民主党 強制解散法」(B/C-1/2)を以〔もっ〕て、何かと反発する社会民主党を強制的に解散。

── ナチスに逆らう者はこうなる。

この解散劇は"無言の圧力"となり、これを境に、残りの党もぞくぞくと「自主解散」してナチスに入党(C-2/3)していくことになります。(＊06)

こうして、ほどなくナチス以外のすべての党が消滅し、7月6日にはヒトラーの口から「勝利宣言」が発せられます。

── 国民革命(＊07)は終わった！(D-2/3)

さらにその1週間後には、「政党新設禁止法」が公布されたことで、「一党独裁体制」が確立。(D-3/4)

(＊05)「Gehime Staats polizei」の各単語の頭を取ったものが「ゲ・シュタ・ポ」。

(＊06) ここで意地を張ってみたところで、社会民主党のように「強制解散」させられ、議席を失うことは目に見えています。
　　　 ここで「自主解散」しナチスに入党すれば、少なくとも議席だけは守れます。

(＊07)「ナチス革命」とも言い、ヒトラーを中心とする独裁体制を樹立する運動を指します。

最終幕　ナチス独裁体制の成立

　一般的にはこれを以て「第三帝国の成立」(D-4)と見做します。
「第三帝国」とは、
- 神聖ローマ帝国（962〜1806年）を「第一帝国」
- ホーエンツォレルン朝ドイツ帝国(1871〜1918年)を「第二帝国」

…として、その正統なる後継帝国という意味です。(*08) (D-1/2)

　こうしてついに、ヒトラーの望み通りの独裁国家が生まれました。
　このときヒトラー44歳。
　彼が政治家を志したのが30歳のときでしたから、それからここに至るまで足かけ14年。
　彼に較べると、
- ムッソリーニが政治家を志してから「独裁宣言」するまでが6年
- ナポレオンが政治家になってから帝位に就くまでが5年

(*08) ドイツ語の「第三(dritte)」には、「過去・現在につづく第三の時制」すなわち「未来」という意味合いもあるため、「輝かしい未来へとつづく国」という意味も込められているといわれています。
　　　ちなみに、「ライヒ(reich)」というドイツ語自体には「帝国」という意味はありませんが、慣習的にそう訳されます。

ですから、この2人に比べれば、ヒトラーは遅咲きに見えるかもしれませんが、それはこの2人の出世が異常に早すぎるだけです。
　たとえば、
- 織田信長が家督を継いでから統一直前の本能寺に散るまで30年
- 劉備(りゅうび)が立身してから蜀を手に入れ「三国鼎立(ていりつ)」を成し遂(と)げるまで30年

かかっていることを考慮すれば、ヒトラーの出世も充分早い部類といえます。
ヒトラーもこのときばかりは万感の想いだったのではないでしょうか。

　そして、彼が独裁権を得たことを契機として、歴史は再び大きくうねりはじめます。
　そこで、最後にもう一度、戦間期を大きく俯瞰(ふかん)してみましょう。
- 戦間期 第1期　1919〜24年の5年間
- 　〃　 第2期　1924〜29年　〃
- 　〃　 第3期　1929〜34年　〃
- 　〃　 第4期　1934〜39年　〃

前にも触れましたように、戦間期(1919〜39年)の20年間は、興味深い

ことに5年ごとに4期で動きます。
　本書では、その第1期から第3期までを見てまいりましたが、ここまでで第二次世界大戦に至る"役者"はすべて出揃（そろ）いました。
　いよいよ第4期からは、彼ら"役者"が持てるコマを使って暴れまくる時代へと突入していきます。
　そしてその行きつく先は、「第二次世界大戦」です。
　以後、
1933年　国際連盟を脱退！
1934年　ヒンデンブルク大統領が死去し、「総統（フューラー）」としての地位を確立
1935年　ザール奪還！　再軍備宣言！
　…と、いよいよ歴史は佳境（クライマックス）へと向かっていくことになりますが、この一番盛り上がってきたところで筆者はいったん筆を置かなければなりません。
　なんとなれば、ここまで(〜第3期)は「第二次世界大戦」というものを本当に理解するための基礎、そしてここからさき(第4期)は「第二次世界大戦の序章」として語られるべきものと考えるからです。
　これから何がどのように展開していったら、あの人類史上最悪の惨劇「第二次世界大戦」へと繋（つな）がっていくのか！？

──且聴下文分解（しばらくかぶんのときあかしをきけ）（以下次号）！

Column 天敵の料理法

　ヒトラーがヒンデンブルク大統領に毛嫌いされてきたことは、本文でも繰り返し述べてまいりました。
　オーストリア出身のヒトラーに対して「ボヘミアの伍長（フライター）」と罵（ののし）ったのも、「ボヘミアン」には「放浪者（ジプシー）」という意味もあるため、ひょっとしたら「浮浪者風情（ふぜい）が！」という悪意が込められていたのかもしれません。
　1932年、彼の大統領任期（7年）の満了が迫ったとき、すでに彼は84歳の高齢で、体力気力ともに衰えが著しく、とても二期目を務め上げられそうにありませんでした。
　しかし、もし彼が次の大統領選を辞退すればヒトラーが次期大統領になることは確実視されていましたので、「ペンキ屋風情（ふぜい）（ヒトラー）にこの椅子を譲ってたまるか！」と老体にムチ打って大統領選に出馬、ヒトラーの野望を挫（くじ）いたほどです。
　このように、徹底的にヒンデンブルクから嫌われ、罵（ののし）られ、イジメられ、疎外されつづけたヒトラーでしたが、大統領選後は彼と対立するのではなく、懐柔（かいじゅう）する道を模索します。
　まず、ヒンデンブルクの側近や支持者を買収して取り込み、彼を説得させ、翌年には自分を首相に指名させることに成功。
　さらに、その首相就任式ではこう宣誓します。
「これからは閣下の忠実な協力者として奉仕することを誓います！」
　すでに耄碌（もうろく）していたヒンデンブルクは、この言葉に無邪気に感激。
　さらに新国会の開会式では、ヒンデンブルクの喜びそうな会場演出に腐心し、大統領の功績を褒（ほ）め称える演説を行う。
　すでに老衰していたヒンデンブルクに、ヒトラーの作意を悟る力などあるはずもなく、涙を流して感激し、ヒトラーと熱い握手を交わすまでになります。
　こうしてヒトラーは、最終的にはヒンデンブルクを籠絡（ろうらく）し、手玉に取ることに成功したのでした。

■ おもな参考文献（順不同）■

大井孝『欧州の国際関係1919-1946』たちばな出版

柳沢英二郎 他『危機の国際政治史』亜紀書房

篠原初枝『国際連盟』中央公論社

村瀬興雄『世界の歴史15 ファシズムと第二次大戦』中央公論社

『図説世界の歴史6 現代世界の試練』学研

福井憲彦『世界各国史12 フランス史』山川出版社

木村靖二『世界各国史13 ドイツ史』山川出版社

北原敦『世界各国史15 イタリア史』山川出版社

紀平英作『世界各国史24 アメリカ史』山川出版社

歴史学研究会『世界史史料10 二〇世紀の世界Ⅰ』岩波書店

野村達朗『新書 アメリカ合衆国史2 フロンティアと摩天楼』講談社

上杉忍『新書 アメリカ合衆国史3 パクス・アメリカーナの光と影』講談社

アドルフ＝ヒトラー『我が闘争』研文書院

野田宣雄『ヒトラーの時代』講談社

リチャード・オウヴァリー『ヒトラーと第三帝国』河出書房新社

イアン・バーンズ他『大陸別世界歴史地図1 ヨーロッパ大陸』東洋書林

附録〈国際連盟加盟国と加盟期間〉

| 最初から最後まで加盟していた国 | イギリス・フランス・オランダ・ベルギー・スイス・ポルトガル・ポーランド・ノルウェー・スウェーデン・ペルシア（1935年～イラン）・インド・中国・タイ（～1939年シャム）・オーストラリア・ |

国名＼年	1920	1921	1922	1923	1924	1925	1926	1927	1928	1929	1930	1931	1932
ハイチ	1/10												
デンマーク	1/10												
ルーマニア	1/10												
スペイン	1/10												
ペルー	1/10												
チェコ	1/10												
ベネズエラ	1/10												
チリ	1/10												
イタリア	1/10												
エルサルバドル	1/10												
ホンジュラス	1/10												
ニカラグア	1/10												
グアテマラ	1/10												
パラグアイ	1/10												
日本	1/10												
ブラジル	1/10							7/14					
フィンランド	12/16												
ブルガリア	12/16												
ルクセンブルク	12/16												
アルバニア	12/17												
オーストリア	12/15												
コスタリカ	12/16						1/22						
エストニア		9/22											
ラトヴィア		9/22											
リトアニア		9/22											
ハンガリー			9/18										
アイルランド				9/10									
エチオピア				9/28									
ドミニカ					9/29								
ドイツ							9/8						
メキシコ											9/23		
トルコ												7/18	
イラク													10/3
アルゼンチン	1/10（すぐに脱退）												
アフガニスタン													
エクアドル													
ソ連													
エジプト													

※帯の始まりの日付は加盟した日、終わりの日付は脱退（または連盟解散による離脱）した日。

デン・ユーゴスラヴィア（～1929年セルヴクロアトスローヴェンヌ）・ギリシア・リベリア・南アフリカ・
ニュージーランド・カナダ・キューバ・パナマ・コロンビア・ボリビア・ウルグアイ，計25ヶ国

1933	1934	1935	1936	1937	1938	1939	1940	1941	1942	1943	1944	1945	1946
									4/8				
						7/20	（併合）						
						7/11							
				5/7									
				4/8									
				3/15	（併合）								
			7/12										
			5/14										
		12/11											
		8/11											
	7/10												
	6/27												
	5/26												
		2/23											
3/27													
									4/18				
									4/18				
									4/18				
					4/9	（併合）							
				3/13	（併合）								
									4/18				
									4/18				
									4/18				
				4/14									
									4/18				
									4/18				
									4/18				
10/19													
									4/18				
									4/18				
									4/18				
（再加盟）									4/18				
	9/27								4/18				
	9/28								4/18				
	9/18				12/14	（除名）							
		5/26							4/18				

└加盟国数最大時58ヶ国（1934.9/28～35.2/23）

神野 正史
じんの まさふみ

河合塾世界史講師。世界史ドットコム主宰。学びエイド鉄人講師。ネットゼミ世界史編集顧問。ブロードバンド予備校世界史講師。歴史エヴァンジェリスト。1965年、名古屋生まれ。出産時、超難産だったため、分娩麻痺を発症、生まれつき右腕が動かない。剛柔流空手初段、日本拳法弐段。立命館大学文学部史学科卒。既存のどんな学習法よりも「たのしくて」「最小の努力で」「絶大な効果」のある学習法の開発を永年にわたって研究。そして開発された『神野式世界史教授法』は、毎年、受講生から「歴史が"見える"という感覚が開眼する！」と、絶賛と感動を巻き起こす。「歴史エヴァンジェリスト」として、TV出演、講演、雑誌取材、ゲーム監修など、多彩にこなす。著書に『世界史劇場 イスラーム世界の起源』『世界史劇場 日清・日露戦争はこうして起こった』『世界史劇場 アメリカ合衆国の誕生』『世界史劇場イスラーム三國志』（ベレ出版）、『最強の成功哲学書 世界史』（ダイヤモンド社）、『神野の世界史劇場』（旺文社）など多数。

世界史劇場 ナチスはこうして政権を奪取した
せかいしげきじょう　　　　　　　　　　　　　せいけん　だっしゅ

2016年7月25日	初版発行
2022年4月21日	第4刷発行
著者	神野 正史（じんの まさふみ）
DTP	WAVE 清水 康広
校正協力	株式会社ぷれす
カバーデザイン	川原田 良一（ロビンソン・ファクトリー）

©Masafumi Jinno 2016. Printed in Japan

発行者	内田 真介
発行・発売	ベレ出版 〒162-0832　東京都新宿区岩戸町12 レベッカビル TEL.03-5225-4790　FAX.03-5225-4795 ホームページ　https://www.beret.co.jp/ 振替 00180-7-104058
印刷	モリモト印刷株式会社
製本	根本製本株式会社

落丁本・乱丁本は小社編集部あてにお送りください。送料小社負担にてお取り替えします。

本書の無断複写は著作権法上での例外を除き禁じられています。
購入者以外の第三者による本書のいかなる電子複製も一切認められておりません。

ISBN 978-4-86064-481-9 C0022　　　　　　　　編集担当　森 岳人

> ヒトラー登場直前の歴史を描く！

世界史劇場 第一次世界大戦の衝撃

神野正史 著
A5並製／本体価格1600円
ISBN978-4-86064-400-0 C0022　■320頁

世界史における重要な局面を、劇を観ているような感覚で楽しく詳しく学べるシリーズ第5弾です。第一次世界大戦は戦争の常識を塗り替え、20世紀の世界に多大な影響を与えた避けることのできないテーマです。本書では第一次世界大戦の原因から結果までをヨーロッパ戦線を中心に扱い、近代兵器が続々と登場して、これまでにない惨禍をもたらした大戦の内容をドラマティックに描いていきます。臨場感あふれる解説と"歴史が見える"イラストで学べる、まったく新しい歴史教養書！

世界史劇場
イスラーム世界の起源

神野正史 著
A5 並製／本体価格 1600円（税別）
ISBN978-4-86064-348-5 C2022

■ 280頁

世界史劇場 日清・日露戦争は
こうして起こった

神野正史 著
A5 並製／本体価格 1600円（税別）
ISBN978-4-86064-361-4 C2022

■ 336頁

世界史劇場
アメリカ合衆国の誕生

神野正史 著
A5 並製／本体価格 1600 円（税別）
ISBN978-4-86064-375-1 C0022

■ 288頁

世界史劇場
イスラーム三國志

神野正史 著
A5 並製／本体価格 1600円（税別）
ISBN978-4-86064-387-4 C2022

■ 320頁

世界史劇場
ロシア革命の激震

神野正史 著
A5 並製／本体価格 1600円（税別）
ISBN978-4-86064-416-1 C2022

■ 328頁

世界史劇場
フランス革命の激流

神野正史 著
A5 並製／本体価格 1600円（税別）
ISBN978-4-86064-429-1 C2022

■ 336頁

世界史劇場
駆け抜けるナポレオン

神野正史 著
A5 並製／本体価格 1600 円（税別）
ISBN978-4-86064-454-3 C0022

■ 318頁

もっと世界史劇場を堪能したい方へ

　筆者（神野正史）は、20年以上にわたって河合塾の教壇に立ち、そのオリジナル「神野式世界史教授法」は、塾生から絶大な支持と人気を集めてきました。

　しかしながら、どんなにすばらしい講義を展開しようとも、その講義を聴くことができるのは、教室に通うことができる河合塾生のみ。モッタイナイ！

　そこで、広く門戸を開放し、他の予備校生でも、社会人の方でも、望む方なら誰でも気兼ねなく受講できるように、筆者の講義を「映像講義」に収録し、

「世界史専門ネット予備校 世界史ドットコム」

を開講してみたところ、受験生はもちろん、一般社会人、主婦、世界史教師にいたるまで、各方面から幅広く絶賛をいただくようになりました。

　じつは、本書は、その「世界史ドットコム」の映像講座をさらに手軽に親しめるように、と書籍化したものです。

　しかしながら、書籍化にあたり、紙面の制約上、涙を呑んで割愛しなければならなくなったところも少なくありません。

　本書をお読みになり、もし「もっと深く知りたい」「他の単元も受講してみたい」「神野先生の肉声で講義を聴講してみたい」と思われた方は、ぜひ、「世界史ドットコム」教材も受講してみてください。

　　　世界史ドットコム講座例　　http://sekaisi.com/